「判決と正義は本来別物であると考えると恐ろしい。
　　　判決は相対的なものである。正義は絶対的なものである。」
　　　　　　　　　ヴィクトル・ユゴー『笑う男』（1869年）

L'édition originale de cet ouvrage a paru sous le titre:
《Cour d'assises: Et si demain vous étiez juré ?》
©2004, Cathy Beauvallet et Olivier Cirendini
©2004, Jalan Publications, Paris, France
Direction de production: Zahia Hafs
Création Graphique: Damien Chavanat
Maquette et Mise en pages: Valérie Police
Responsable éditoriale: Caroline Guilleminot
Contribution avisée: Arno Lebonnois
Photographies©Olivier Cirendini et Arno Lebonnois
Tous droits de reproduction réservés

Traduction japonaise ©2005 Hiroko Omura & Atsushi Omura
Shinzansha Publisher Co., Ltd., Japan
printed in Japan

＊人物のデッサンは，その頁の証言とは必ずしも対応しません。

ある日，あなたが陪審員になったら…

—— フランス重罪院のしくみ ——

イラスト　カティー・ボヴァレ

インタビュー　オリヴィエ・シロンディニ

訳　大村浩子 = 大村敦志

信山社

はしがき

　カティー・ボヴァレのデッサンが，すべての始まりでした。カティーは3年間，ブロワとオルレアンの重罪院で，クロッキーをかきためていました。それらの力強い人物描写と，人生という名の芝居が裁判所の建物の中で繰り広げられているような感覚は，たちまちわれわれの心を捕らえました。通常の場合，カメラやビデオは法廷から締め出されると知って，デッサンが裁判所における唯一可能な視覚的表現手段であることがわかりました。そして，このデッサンを，陪審員をつとめる匿名の市民たちに見せてみたいと思いついたのです。そして同時に，裁判官，弁護士，書記官，その他の重罪院のすべての登場人物にも。さらに，重罪院という民主主義のすばらしい道具に対する関心を呼び起こしたいとも考えました。なぜなら，重罪院は，その大衆的な性格をほめそやされることがあっても，実際には人々にあまり知られていないままだからです。

　この本の中で話をしている陪審員の選択に当たっては，特に注意を払いました。網羅性を追及したわけではないものの，他の統計調査と同様，陪審員の社会的身分や性別や職業，また彼らが関わった事件の時期や種類につき，サンプルとしての代表性を確保することが大切だと考えました。また，われわれは陪審員に，彼らの役目が終わるまで，つまりは評決を下すまでのことを，自由に話してもらうことを希望しました。もちろん，サンプルの選び方は，毎年重罪院において裁判長と陪席判事の隣に着席する市民たちを選ぶときの方法をなぞったものです。ですから，われわれは重罪院の判事を構成する11人，すなわち9人の陪審員と2人の補充陪審員にインタビューすることに決めました。

　また，弁護士，検事，重罪院裁判長にも話してもらいました。こうしてわれわれは，様々な立場の人々に様々な視点で次々と語ってもらうことによって，重罪院という特異な世界を探ることのできる様々な証言をまとめることができました。われわれの目的は，「正義とは何か」を語ることではありません。われわれの意図は，論争的な書物を出版することではなく，一人称で語る登場人物の言葉を通して，重罪院の舞台裏を人々に示すこと

なのです。実際，重罪院を支配する原則である口頭弁論主義をイメージして，陪審員，司法官，弁護士が話した言葉をそのまま採録することが重要であると考えました。もちろんわれわれの目的は，これこれの事件について振り返り，さらに検討を加えるというものでもありません。ですからインタビューの中では，その種の質問は決してしませんでした。それぞれの証言は，それを語る人にある種の責任を課すものです。それに加えてもちろん，われわれには情報源を秘匿する義務がありますので，インタビューの対象となった陪審員の姓は示さず，名のみ掲げるにとどめました。

取材中に痛感したのは，事件についての守秘義務を負うため，自分たちの経験を話すことのできない陪審員たちはもちろん，自分たちの仕事を多くの人々に，一般的な形で，知ってもらいたいと願う司法関係者も，自分の考えを述べたいという強い思いを抱いているということです。

本書を手にした読者が，われわれと同様の感銘を受けるであろうこと，そして市民社会に対する積極的な参加に関心を寄せる人々の間で，司法に対する見方がより深まることを期待します。

編 集 者

訳者はしがき

　1789年の人権宣言と1804年の民法典。二つの記念碑的な法文書によって，フランスは他国に先駆けて，近代的な法体系を整えました。憲法・民法におけるフランス・モデルは，19世紀を通じて，世界に影響を及ぼしました。事実，明治日本もその初期においては，フランスから大きな影響を受けました。その影響力は衰えたものの，現代日本においても，フランスの憲法・民法は熱心に学ばれています。

　刑事法に目を転ずると，状況はかなり異なります。日本初の刑法・刑事訴訟法（治罪法）を作ったのは，フランス人法学者ボワソナードですが，その後，日本の刑法はドイツの，刑事訴訟法はアメリカの強い影響下にあり，フランス法のことが語られることは少ないようです。

　たとえば，本書のテーマである陪審制度のことを考えてみましょう。私たちは，陪審といえば，まず，アメリカのことを思い浮かべます。ドイツにもアメリカとは少し違う制度があることを知っている人もいるかもしれません。フランスの制度はどうでしょうか。古い映画ファンは，『裁きは終わりぬ』（1950年）という映画を思い出し，フランスにも陪審はあることに思い至るかもしれません。しかし，ほとんどの人はフランスの陪審制度を知らないでしょう。

　一口に「陪審」と言っても，その制度のあり方は国によって異なっています。これから私たちが経験することになる日本の裁判員制度は，アメリカ型の「陪審」よりもドイツ・フランス型の「陪審」に近いところがあると言われます（二つのタイプの「陪審」を区別するために，「陪審制」「参審制」と呼び分けることもあります）。そうだとしたら，フランスの経験は私たちにとって大いに参考になるはずです。

　もっとも，若い頃にフランスの裁判所のいくつかを訪れ，刑事裁判を傍聴したことはあるものの（別添写真を参照），刑事法の専門家ではない訳者二人が，フランスの陪審制度を紹介する書物を翻訳するという暴挙に出たのには，それ以上の理由があります。私たちはこれまでに，子どものための市民教育読本である『若草の市民たち』シリーズ全4巻（信山社，2003-2004年）を翻訳しましたが，

2004年に公刊され好評を博した本書『ある日，あなたが陪審員になったら…』は，このシリーズとは別の意味で，格好の市民教育読本であると考えたのです。

　本書は，陪審員経験者に対するジャーナリストのインタビューを中心に構成されていますが，陪審の手続の進行に従って，11人の人々の経験談が配置されており，陪審員たちがどのように感じながら裁判に参加したのかが手にとるように分かります。あわせて，裁判官・検察官・弁護士などの証言によって，陪審に対する彼らの見方も示されています。さらに，スケッチや制度に関する補足説明も，大いに読者の理解を助けます。この本を読めば，制度としてではなく，経験として陪審を知ることができるはずです。私たちも，これから同様の経験をするのです。私たちは，この経験をどのように語ることになるのでしょうか。

　本書は，陪審に参加した人々の心の動きをいきいきと描き出しますが，それと並んで重要なのは，陪審制度に対する彼らの見方です。「なんで俺が選ばれちまったんだ？」「裁判所へなんか行きたくなかったわ」「ヴァカンスをキャンセルしなければならなかった」「自分には時間的余裕がない」。彼らは，こうした消極的・否定的な見方も率直に語っていますが，同時に，次のような言葉も口にするのです。「市民としての義務」「社会の構成員としての役割を果たす」「政治意識の問題」「共和国の一員である幸運」「人民主権のひとつの形」……。

　この点について，『政治制度としての陪審制』の著者である政治史家・三谷太一郎は，最近の論文のなかでトクヴィルの『アメリカにおけるデモクラシー』を引きつつ，次のように述べています。

「トクヴィルはアメリカにおける陪審制を単なる司法制度としてではなく，『政治制度』としてとらえた。それは『万人が大小の差はあれ，公事に参画する』ことを意味する『民主主義的統治』の一環であり，『人民主権の一形態』であった。」「（日本において ── 筆者注）非専門法曹の裁判員に求められるのは，一般選挙民よりもはるかに高い能動性である。裁判員は必然的に『能動的人民』たらざるをえないのである。そしてそれは民主主義的統治を担う『能動的人民』と別のものではない。」「陪審はすべての階級に法的思考様式を浸透させる媒介となる。法律用語が日常の談話に登場するようになり，『学校や法廷で生まれた法の精神は，それらの機関を超えて少しずつ拡がって行く。それは社会の最下層にまで

及んでいく。』」「裁判員として刑事法廷における役割を果たすこと自体が啓蒙された人民への教育過程なのである。それは正確にいえば，自己教育過程というべきだろう。それを経ることなしに，『市民』の誕生はありえない。そしてこの市民教育過程としての裁判過程が『多数の専制』に対して，刑事被告人や法廷に直接の代弁者をもたない犯罪被害者を含む『少数者の権利』を確立する過程なのである。」（三谷太一郎「裁判員制度と日本の民主主義」法律時報77巻4号（2005年）より引用）

　そうです。本書の著者も語るように，「フランス革命以来受け継がれてきた原則の名の下に，共和国は彼らに裁判に参加するよう通知した」のです。彼らは「われわれ市民の生活にあるべき最も民主主義的な場」で，判断力と人間性を手にして議論を戦わせるのです。

共和国を，民主主義を実践すること，それが陪審であるということです。陪審に参加することは，市民が市民となることであり，その経験を語ることは，市民であることの意味を語ることなのです。それゆえ陪審員たちは「驚きと恐れ」を抱くと同時に「誇り」を感じるのです。私たちもまた，陪審制度を通じて市民へと育ちましょう。まずは，フランスの経験に耳を傾けて ―― 。

　本書の出版にあたっては，これまでと同様に，信山社の袖山貴さん・有本司さんに大変お世話になりました。また，内容に関しては，法政大学の井上和治さん（刑事訴訟法）から懇切なご指摘と貴重なご助言をいただきました。この場を借りてお礼を申し上げます。

2005年7月
大村浩子＝大村敦志

ボルドーの裁判所(大審裁判所)
↓　ⒸOMURA, 2005

モンペリエの裁判所　→
(重罪院法廷入口)
ⒸOMURA, 1987

リヨンの裁判所(人物は西川知一郎氏〔現・大阪地裁判事〕)　ⒸOMURA, 1987
↓

←
ストラスブールの裁判所
(人物は金星泰氏〔現・延世大学教授〕)
ⒸOMURA, 1988

グルノーブルの
旧裁判所
ⒸOMURA, 1987　→

「法律は，陪審団に結論を導くに至った理由の開示を求めてはいない。法律はまた，陪審団が証拠の完全さ，十分さに特に依らねばならないという原則も定めてはいない。法律が陪審団に求めているのは，静かに自問し，内省し，自らの良心に照らして，被告人に突きつけられた証拠と弁護の手段が，理性に与えた印象を探し求めることである。法律が陪審団に求めているただ一つのこと，そして陪審団の義務のすべてを言い表しているのは，『あなたは心底確信しているのか』ということである。」

フランス刑事訴訟法第353条

毎年2万人ほどの市民が，重罪という非常に重大な行為で起訴された男たち女たちの運命を決定すべく招集される。故殺（殺人），謀殺（計画殺人），凶器攻撃，強姦，傷害致死……これらは，様々な犯罪のなかでも特に重大なものである。犯罪者の多くは，15年かそれ以上の拘禁刑に処せられることになる。

　フランス革命によって裁判はこのように変わったのである。重罪裁判所を創設した1790年の法律以来，フランスでは，公開・口頭・対審の手続きに際して，「民の声」を反映して，重罪を裁いているのである。重罪裁判所の陪審団の構成は，革命以来，絶えず民主化され続けてきている。長い間，陪審員は市長に選ばれた「やる気のある名士」で構成されていた。1978年以来，選挙人名簿に登録された23歳以上のすべての市民は，陪審員に任命される可能性がある。したがって重罪院は，市民が市民であることを自覚する場のひとつとして受け止めることができるのである。

　魅惑と恐怖の両面があるが，重罪院はまた人生の教訓に満ちた劇場でもある。血も涙もなく機械的な「裁判機関」というイメージとはかけ離れて，重罪院では，評議に至るまで，法律の条文よりもむしろ語られた言葉が重視され，そしてなによりも人間とは何かということが語られるのである。

陪審員　　裁判長　　　　陪審員
　　　　　陪席裁判官
　　　　　　（2名）

検察官

執行官

ジャーナリスト＆
イラストレーター

書記官

被告人

被告人側
弁護士

私訴原告人側
弁護士

1／手紙

　彼らの共通点は，23歳以上であること，同じ県の選挙人名簿に登録されていること，そしてくじで選ばれたということだけである。技術者，医師，教師，職人，工場労働者……，彼らはある日，市長から一通の手紙を受け取った。その手紙の前では，彼らはすべて平等である。フランス革命以来受け継がれてきた原則の名の下に，共和国は彼らに裁判に参加するよう通知したのである。こうした手紙が自分のもとにやってくる可能性があることを知っていた者もいれば，全く知らなかった者もいる。陪審員に選ばれたことに誇りを見出す者もいれば，なんとしてもこの使命を逃れたいと思う者もいる。しかしながら，ある朝彼らに届いた手紙は，有無をいわせぬものである。裁判が行われる間，プロの裁判官と全く同等の権利を有する陪審員の職務は，くじで選ばれた全市民の義務なのである。

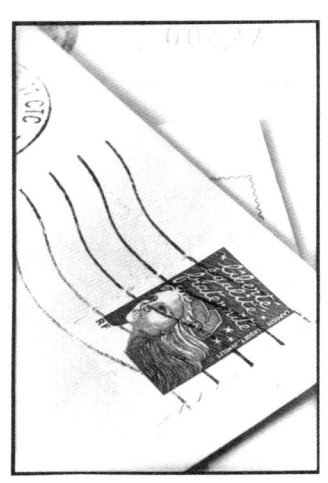

手紙

マルセル（男性）
配管工 —— 2003年，謀殺事件と故殺事件の陪審員

「不意打ちをくらったよ。俺は手紙を何度も読みかえしたさ。問い合わせもした。でも逃れることはできなかったよ。陪審員ってのは，ボランティアがやるものだと思ってたんだ。人を裁くということは易しいことじゃない……なんで俺が選ばれちまったんだ？」

ヴェロニック（女性）
出版社勤務 —— 2003年，未成年強姦事件と近親相姦事件の陪審員

「裁判所へなんか行きたくなかったわ。他人のことに首を突っ込むのは好きじゃないのよ。何とかして逃れられないものかと，いろいろ考えたわ。医師の診断書を書いてもらうとか，旅行に出てしまうとかね。でも同僚たちは，私のことをすごく運がいいって言ったわ。そして，これは私に課せられた市民としての義務の問題だって言ったの。最初は頭にきたけど，よくよく考えたあと，裁判所に行く決心をしたの。ためらいながらね。」

エマニュエル（女性）
薬剤師 —— 2000年，凶器強盗事件，故殺事件，未成年強姦事件の陪審員

「選挙人名簿に登録されていると，陪審員として召喚されることがあるなんて，全く知らなかったわ。私はまず，陪審員になると，どのような実際的問題が生じるか考えたの。ヴァカンスをキャンセルしなければならなかったし，雇い主は，この召喚状に背くことができないなんて知らなかったわ。多くの人が，私と同じように，自分が陪審員に選ばれる可能性があることを知らないのね。私はどうすべきなのか，また私は何を期待されているのか全く分からなくて途方に暮れてしまったわ。陪審員になることにあまり情熱はなかったけれど，ともかく，選挙人名簿に登録したのは，社会の構成員としての役割を果たすためだし，陪審員になることは，その延長なんだと自分に言い聞かせたの。」

ドゥニア（女性）
助手 —— 2001年，凶器強盗故殺事件の陪審員

「友だちや家族に相談しました。人を裁くなんて神以外誰にもできるはずがないと幾人かに言われました。確かに一理あると思いました。だから実際にこの目で，とことん確かめたいと思ったのです。」

ミシェル（女性）
研究所講師 —— 1999年，強姦事件と故殺事件の陪審員

「最初に思ったのは，自分には時間的余裕がない，他にやらなければならないことがある，ということでした。でも，やってみようという気になったのです。積極的に社会と関わることで，一度くらい社会に貢献してみようと考えたのです。」

ポール（男性）
バス運転手 —— 1999年，強姦事件の陪審員

「可能性があることは知ってたけど，まさか自分に降りかかってくるなんて想像したこともなかったよ。」

 陪審団の構成は，3回にわたるくじ引きで決められる。まず，県ごとに「刑事陪審年次名簿」を作成する。パリから1800名，その他の県からは，人口1300人につき1名を選出する。この選出にあたって，市長は公衆の面前で，選挙人名簿をもとに23歳以上の人からくじを引いて，定数の3倍まで絞り込む。これは郵便で知らされ，この予備リストから排除されるべき理由が何かあれば，市に知らせることが求められる。次に，毎年9月に，裁判官，検察官と弁護士会会長と県会議員からなる委員会が開かれ，適格条件を満たさない人をリストから排除する。こうしてその年の陪審員候補者リストの完全版ができあがる。2度目のくじ引きは，裁判が始まる30日前までに行われる。やはり公開の法廷において，控訴院裁判長が，年間リストの中から40名と予備員12名を選び，この52名が「開廷期名簿」を構成する。こうしてくじで選ばれた陪審員は正式に召喚される。そして開廷期の初日に，控訴院裁判長によって，3度目の最後のくじが引かれるのである。

手 紙

ダニエル（女性）
教員 ── 2001年，殺人未遂事件と未成年強姦事件の陪審員

「二通目の手紙が来たときには，あわてふためきました。陪審をすることへの重圧を感じ始めたのです。私に，人を裁くなんてことができるかしらと思ったのです。自分の意見を持つことも得意ではないので，悩みました。それでも召喚を拒絶しようとは思いませんでした。これは，政治意識の問題です。」

フレデリック（男性）
労働関係法務職員 ── 2003年，殺人未遂事件，故殺事件，凶器強盗，未成年強姦事件の陪審員

「重罪院が，愉快なことを扱う場所でないことくらいは知っていました。ですから，手紙を受け取ったとき，幸せな気分ではありませんでした。でも，陪審員には興味はありました。もちろん覗き趣味ではありません。そして私はこの制度を非常に面白いと思いました。共和国と司法の諸法律が，我々にフランス国民であることを思い出させ，フランス国民であるという資格によって，この権利 ── 私はチャンスと呼ぼうと思います ── が与えられるのです。こういうことが問題にもされない他の国々と比較すれば，これはチャンスなのです。もちろん，強制的で，形式的で，重苦しいものですが，市民に権限と責任を分かち与える共和国の一員である幸運を自覚したのです。」

ジャン（男性）
コンサルタント ── 故殺事件と未成年強姦事件の陪審員

「一通目の手紙を受け取ったときには，とんでもないことになったと思いました。二通目を受け取ったときには，裁判が待ち遠しくて仕方ありませんでした。この開廷期で一番の大きな事件を裁きたいと思いました。やる気満々でしたよ。」

ジャン-クロード（男性）
教員 ── 1994年，強姦事件の陪審員

「私は，陪審制度を人民主権のひとつの形だと思いました。このような召喚状が市民の手元に届けられるようになるまでの長い歴史に思いをはせました。
私は，この召喚から逃れることはできないし，逃れるべきでもないと思ったのです。これからどういうことになるのか，全く分かりませんでしたが，これは義務であり，責任であると思ったのです。問い合わせなど何ひとつしないまま裁判所におもむきました……。」

フランソワーズ（女性）
編集責任者 ── 1982年，故殺事件の陪審員

「手紙を受け取ったときには，驚きと恐れと誇りを同時に感じたわ。」

 選挙人名簿に登録されたすべての市民は，23歳以上であり，フランス語の読み書きができ，政治的，市民的，家族的な権利を有し，重罪院のある県に居住していれば，陪審員に選出される可能性がある。70歳以上の人は，免除を求めることができる。6ヶ月以上の拘禁刑を宣告されたことがある者と，重罪院に起訴されている者は，リストから除外される。ある種の職業──閣僚，国会議員，裁判官，警察官──に就いている人は，陪審員にはなれない。健康上，特に問題がある人や，陪審員になることで職業上，生活上，真に重大な問題が生じる人は，この義務を免除される場合もある。個別の審査は，裁判所の裁量に任される。陪審員の職務は，同一の県で5年間につき，重罪院の一開廷期に限られている。

2／出頭命令

　一通目の手紙が届くと，続いて二通目の手紙が届けられる。くじで選ばれた市民は，重罪院開廷期の初日に出頭を要請され，そこで判事の役割を引き受けることになる。重罪院は，控訴院に付随する各県の臨時の裁判所である。重罪院は通常，3ヶ月に一度，2週間の開廷期で開かれる。ひとつの開廷期に，複数の事件が審議される。開廷期のひと月前くらいに知らせを受けて陪審員となった市民は，予定を空けて，いつでも出頭できるようにしておかなければならない。彼らの多くは，最初の開廷期日におこなわれる陪審名簿の改訂手続の際に初めて，裁判，とりわけ刑事裁判という世界を知ることになる。これから起こることを正確に知っている者は稀なのである。

出頭命令

エヴリーヌ　ゴスナヴ-ルシユール

検事。陪審名簿の改訂手続の際，陪審員に向けて話している。

「重罪院はフランス革命によって生まれました。そして，あなた方を裁判官と同等の権利を有する陪審員にしたのです。陪審員は，高貴と尊厳が刻まれた職務なのです。」

ジャン-ピエール　ジェティ　重罪院裁判長

「陪審員とともに判決を下すことは，裁判を受ける者の基本的な保障だと思います。裁判の場に陪審員がいることで，われわれプロの裁判官が陥りがちな，型どおりの判決を回避することができるのです。一つ一つの事件は，体系的な再検討に付されます。ゼロからやり直して，違法行為を構成する出来事を詳細に述べ，事件のすべての構成要素を吟味し，制裁の方法を明らかにしなければならないのです。われわれには，陪審員を教え導く義務があるのですが，これは良き裁判を保障するものとして欠かせないことだと思います。その意味で重罪院における評議は，われわれ市民としての生活の中にあるべき，最も民主主義的な場であると思います。裁判に関してはどうかといえば，裁判は簡単です。裁判をするには，二つの資質が求められます。公正な判断力と，心です。事件のすべての要素を理解するための公正な判断力と，事実の背後に常にある人間性の深みを理解する心。陪審員がこのどちらか一方の資質でも欠いていると考える理由など，全くありません。」

出頭命令

ジャン-クロード

「重罪院裁判長は，彼自身もわれわれ陪審員も同等の1票を持っている，と明言しました。われわれは，陪審員の責務を逃れることはできないし，彼に頼ることもできないということです。」

フィリップ　ビルジェール　検事

「私は開廷期ごとに，フランス市民と対峙します。自分がプロの裁判官と向き合っているのではなく，正義をその核心において見出す市民と向き合っていると考えると，計り知れない豊かさを感じます。」

ブリューノ　ジェステルマン　検事

「陪審員は自宅から引っぱり出され，まるで水から出された魚のように，わけの分からない状況に置かれ，重罪院という特殊で威嚇的な環境に投げ込まれ，注意深くあるよう義務づけられ，困難な責務を負わされるのです。にもかかわらず，われわれはいつも，彼らの熱意と真面目さと，努力に驚かされます。」

重罪院における評議は最も理想的な民主主義の場である。

フレデリック

「まるで小学校の新学期みたいでした。陪審員候補者どうし，最初は黙って見つめ合っていました。そして少しずつうちとけて話し始めたのです。陪審員を逃れるのは難しいこと——このことを深刻に悩んでいる人もいました——，手当が少ないこと，そのほかこまごまとしたことについて話しました。そしてずっと待っていました。とても長く待たされました。初日は長い時間拘束され，事務的な手続をしました。」

 陪審員と裁判所の最初の接触である陪審名簿の改訂手続は，重罪院開廷期の初日に行われる。被告人不在のもとで，呼出しに応じて出席している陪審員の数を確認する機能を有する。理由なく欠席した陪審員は，刑事訴訟法典の定めにより，最高で3,750ユーロの罰金を科される。そして，最終的に陪審員名簿が確定する。様々な理由により，陪審員を引き受けることができなくなり，拒否する正当な理由を申し出た者——その理由の正否を判断するのは裁判所である——と，たまたま裁判官や他の陪審員と親戚関係にある者は，名簿から除外される。この手続を終えたとき，陪審員名簿には最低23名（控訴審の場合は26名）が名を連ねていなければならない。それに満たない場合には，予備リストから補充される。

出頭命令

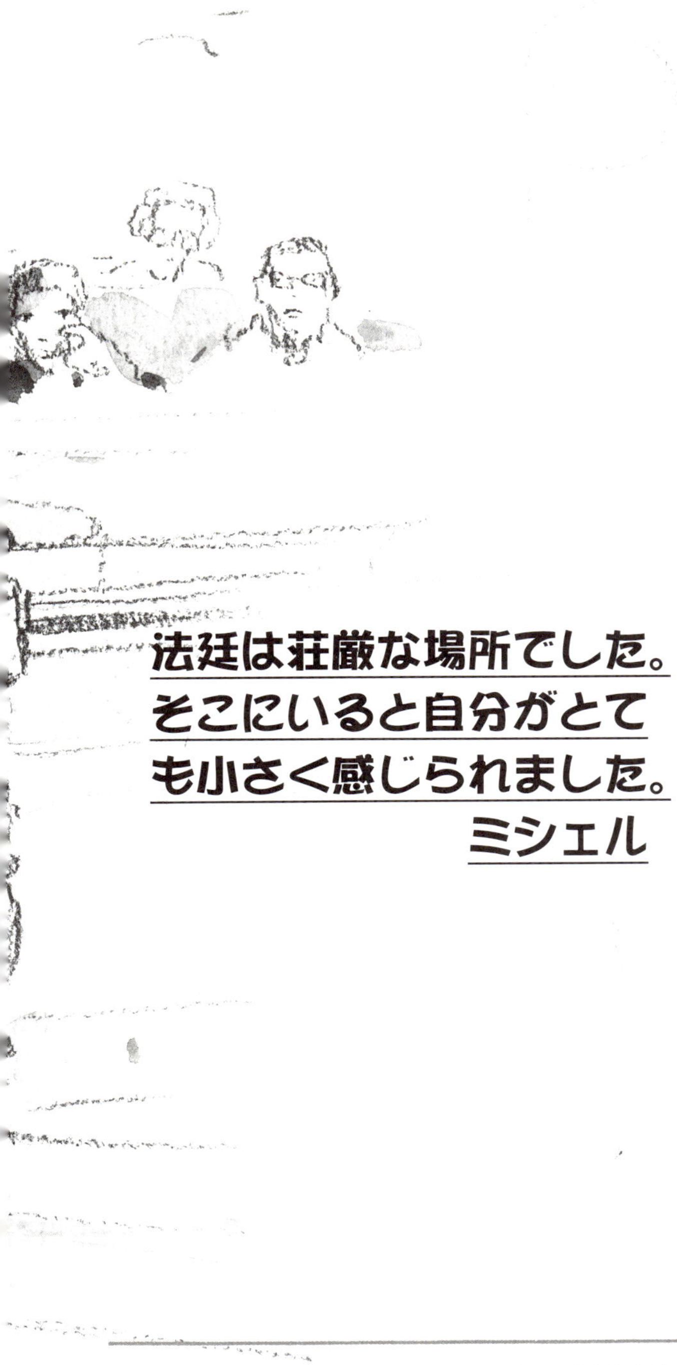

出頭命令

法廷は荘厳な場所でした。そこにいると自分がとても小さく感じられました。
ミシェル

ポール

「刑務所を見学したとき思ったんだ。被告人たちはやがてここへやってくるかもしれないんだなあ……と。でもそれは自業自得さ。俺の役目は，ただ自分の意見を言うことだったんだ。その上で多数意見で決まるってわけさ。」

エマニュエル

「私たちは刑務所を見学するよう勧められました。私は当然そこへ行くべきだと思いました。刑務所の係官は，私たちにとても"快適な世界"を見せてくれたわ。働いている囚人もいるし，刑務所内を自由に散歩している囚人もいました。独房内も見学しました。そこに入っていた囚人に外へ出てもらったのです。今思い出しても，嫌な体験でした。」

ジャン

「召喚状を受け取った時の興奮は，法廷に入ると別の感情に変わりました。感動的でしたよ。畏敬の念を抱かせるような雰囲気でした。でも私は映画の中にいるわけではないのです。裁くということに不安を覚えました。間違えを犯すことに対して，真の怖さを抱いたのです。」

陪審名簿の改訂手続は，陪審員に彼らの役割と義務を伝えることも目的としている。それは裁判長自身の口から伝えられたり，しばしば同席している検事から伝えられることもある。この段階では，陪審員は自分たちの役割を，自分で調べたり，司法省が出している「あなたは陪審員」というガイドブックを読むことによってしか知らない。彼らの「知識」は，広報映画や任意に行われる各県の刑務所見学などによって補われることもある。陪審員は，請求すれば，開廷期の手当をもらうことができるし，交通費の不足分も，滞在費も，失った分の給料ももらうことができる。補償金の支払いに当たっては，SMIC（政令で定められた最低賃金）をもとに計算される。

3／公判

　被告人が被告席に入ってきた。被告人の前には弁護士。反対側には，被害者，私訴原告人とその弁護士たち。二者の間には証人台。裁判長，陪席判事，書記，検事，憲兵，マスコミ，傍聴人は，それぞれ所定の場所に着席する。陪審員たちは，所定の位置で，評決に参加する9人を選ぶくじ引きを待っている。裁判のシンボルである天秤は不動である。三つの色が際だっている。弁護士の法服の黒，裁判長と検事の法服の赤，機動憲兵隊の制服の青。裁判は様式と儀礼によってできている。

　公判は，決められた順序で整然と繰り広げられる。まず，被告人の民事身分の確認（人定質問）に始まり，次に，陪審員のくじ引きが行われる。忌避(きひ)されなければ，裁判長と2人の陪席判事をはさんで両側にそれぞれ着席する。そして陪審員は宣誓をする。次に起訴状の朗読が行われ，それによって陪審員は事件を知ることになる。証人や鑑定人の交互尋問が開始される。尋問は，検事の論告求刑と，弁護人の最終弁論まで続けられる。被告人は，法律の定めるところにより，最終陳述をすることになる。

　言葉は書き留められ，書類に残る。法廷は言葉の行き交う場なのである。

忌　避

ジル ラタピ　重罪院裁判長

「如何なる者も，陪審団の構成を完全にコントロールすることはできません。陪審名簿の改訂手続は，この役割にふさわしくない人をリストから外すことしかできないのです。検事と弁護側は，回数に制限のある忌避権を利用して，できるだけ均衡を重んじる努力をします。こうして，銀行員は強盗事件においては非常に高い確率で忌避され，子どもの保護に携わる人は，未成年強姦事件において忌避されるのです。また時には，性別や年齢層によっても，抑圧的であったり，そうでなかったりすることも考えられます。しかし実際のところは誰にも分からないのです。言うなれば，陪審員は，皆それぞれ別の個性を持っているのです。人が一人入れ替わるだけで，評決がひっくり返ることもあり得るのです。だからといって，陪審員がプロの裁判官より劣っているとは思っていません。」

裁判長が，私に手招きをしました。私は陪審員に選ばれたのです。

ドゥニア

「くじ引きの壺から出された最初の名前は，ある女性のものでした。彼女は立ち上がって，陪審員席の方へ歩き始めました。そのとき，『忌避』という言葉が重々しく鳴り響いたのです。ちょうどその次に呼ばれたのが私でした。私はドキドキして，少し震えながら立ち上がりました。裁判官が，私に手招きをしました。私は陪審員に選ばれたのです。」

 被告人への人定質問が終わると，裁判長は「判決陪審」を選ぶくじ引きに取りかかる。9人の陪審員（控訴審の場合は12人）と陪審員が不測の事態で欠席した場合に代理を務める補充陪審2人を，召喚された40人の中から選ぶ。名前を呼ばれたら，立ち上がって裁判長と陪席判事の両側にある陪審員席に進む。ただし，忌避されなければである。法律は，検察官（検事）に4人まで忌避することを認め，被告人には，弁護士を通じて，最大限5人までの忌避を認めている。この忌避には理由はいらない。この忌避の制度によって，検察官側と弁護側は，彼らの利害にとってあまりにも不利に思われる人を，陪審団から外すことができるのである。その後，選ばれた陪審員は宣誓をする。

忌　避

忌 避

→ ひとたび宣誓が行われると，陪審団は最終的に構成されたことになる。陪審員は，弁論のすべてに出席する義務があるが，意見を表明してはならず，違反すれば，補充陪審員と交替させられる。彼らはメモをとることができるし，裁判長に許しを得た後に質問をすることもできる。質問事項を書いて裁判長に提出する方法を好む陪審員もいる。その際，記述の中に，被告人の有責性についての意見を書いてはならない。

→ 「あなた方は，被告某に対する罪責を最も細心の注意をもって審査すること，被告人の利益及びこれを糾弾する社会の利益，被害者の利益を害しないこと，最終意見を表明するまでは誰とも交通しないこと，憎悪や悪意，恐怖や愛情を捨て去

忌避

ポール

「俺は権力の側にいると感じていたよ。被告人の運命を左右する者の側さ。それと同時に、試験を受けているような気分だったね。自分はこれから話されることをちゃんと分析できるだろうか？ すべてを覚えていられるだろうか？ 俺にとってきちんと裁くということは、何事も忘れないということだったんだ。」

ダニエル

「法廷に入ったとき、装飾の施された立派な建物に圧倒されました。被告人が現れた時、雰囲気は一変しました。私は緊張しました。被告人がなぜここにいるのか、まだわからないまま、私は被告人の表情を探っていました。被告人の登場で、忌避される可能性があるということをすっかり忘れていました。名前を呼ばれたとき、私は法廷を横切って席に着きました。そして今や自分が判事の中にいるのだと感じました。さらし者になっているようで、消えてなくなりたい気分でした。」

被告人が現れたとき、雰囲気は一変しました。

ヴェロニック

「どんな事件に当たるのかしら？ 調べたところ、重罪院が扱う事件で最も多いのは、性犯罪事件でした。最悪だわ。開廷期には強姦事件もあったし、強盗事件もありました。私は強盗事件に当たりたかったわ。私はくじで1番目の事件に決まったの。性犯罪でした。私は若くて、女で、法律関係の仕事をしていましたから、きっと『忌避』という言葉に止められると思いながら、法廷を横切って歩きました。でもその言葉は響きませんでした。私は陪審員席に着いたのです。」

フレデリック

「裁判長と陪席判事の隣に座ったとき、私は『別の側の人間』になったのだと感じました。天井を見上げ、想像もつかないほど重い役目を与えられたのだと実感しました。共和国の選ばれた者になったのです。私は別の世界に足を踏み入れたのです。今までの私はもう存在しないのです。年齢も職業も重要ではなくなり、本来の身分さえ、陪審員という身分の影に隠れてしまったのです。私はあらゆるものの外にいました。時間さえ止まったように感じました。そして自分自身に言い聞かせました。『そこのお前、しっかりやれよ』と。」

ること、被告人は無罪であると推定され、疑わしきは被告人の利益となることを忘れてはならないこと、あなた方の良心と心底の確信に従い、誠実で自由な人間にふさわしい公平さと堅固さをもって、犯罪の証拠と弁護の方法とによって決断をすること、あなた方の職務が終わった後であっても評議の秘密を守ることを誓約する。」各陪審員は、ひとりずつ裁判長に名前を呼ばれ、手のひらを挙げて「私はこれを誓います」と答える。

刑事訴訟法第304条

起訴状朗読

ジャン-ピエール　ジェティ　重罪院裁判長

「被告人は，十分な嫌疑により，要件を満たす一件記録ができると，重罪院に送致されてきます。送致を決めるのは予審判事です。この十分だとされた要件は，議論の対象となり得るのです。いやむしろ，議論されなければならないのです。一件記録は，ある人が言ったことと，別の人が言ったこととで，矛盾していることがあり，どちらの見方が正しいのか確定できない場合があります。その場合，予審判事は，決断を公判に委ねるのです。重罪院法廷は，調書の裏に隠された人間性の深みを暴くことができるのです。私は，一件記録を一読して事件のイメージを抱いた後に，公判で想像と全く違う人と向き合って，しばしば驚かされます。このように，公判は一件記録が連想させるものとは全く別の真実を暴くことができるのです。」

マルセル

「いろんなことが分かってきたら，こんな所に俺を連れてきた奴らに腹が立ったよ。承諾を求めるならいいさ。でもなんで強制されるんだ。そうさ，市民の義務にはちがいない。でも投票だって市民の義務だけど，強制されないじゃないか。なんで法律を勉強している人とか，学問している人を選ばないんだ？　俺は学生さんみたいには考えられないよ。職人だからね。なんで俺なんかが選ばれちまったんだよ？　俺はあんな奴のことは知らないし，奴だって俺とは無関係さ。」

 陪審員が評決をしなければならない事件について知るのは，送致状朗読の時である。あらかじめ知らされているのは，事件の種類――殺人，強姦，凶器強盗など――だけである。書記官によるこの書類（起訴状と呼ばれることもある）の朗読は必ず行われ，捜査によって明らかにされた事実と被告人の出頭の理由が要約されている。

起訴状朗読

議論が進めば進むほどわれわれは確信をもてなくなる。

フランソワーズ

「大事件に関わりたかったの。世紀の大事件にね。でも、国選弁護人の付いた陰鬱な事件だったわ。被告人たちにはそれ以外に方法がなかったのよ。惨めな話よ。社会から見捨てられた人たち、アルコール中毒、けんか。悪循環だわ。犯罪に関わっているというよりは、三面記事を読むような感覚に近かったわね。殺人と事故との境界は紙一重ね。証人も鑑定人もほとんどいないし、家族もいないのよ……。事件について語るのは、事実と背景だけのようだったわ。良識で裁くしかなかったわね。」

フレデリック

「われわれは、凶器強盗、強姦……といった、罪名だけ見れば単純そうな事件に取りかかります。最初は誰もが、すぐに決着するだろう、と考えます。しかし、議論が進めば進むほど、われわれは確信をもてなくなるんです。起訴状朗読を聞いて、隣の人が私にささやきました。『片付いたな。早く終わるぞ』とね。評議が続くうちに、彼をはじめ幾人かの陪審員が、もっと時間をかけて問題を問い直し、じっくり考えようじゃないか、と他の陪審員を説得したのです。みんな、簡単には考えられなくなります。死刑か否か、人ひとりの首がかかっているのです。」

被告人

重罪院のアプローチは
被告人の人格面を
非常に重視するものです。

被告人

ジャン

「開廷後1時間して，起訴状の朗読を聞いたとき，20年の刑だろうなと思いました。私が彼に20年の刑を与えようとしたことに，迷いはありませんでした。でも，次第にこの裁判の存在理由が分かってきたのです。裁判をするためには，理解しなければならないことがあったのです。この男の頭の中で何が起こったのか。彼はどんな社会環境にいたのか。精神科の専門家たちが，精神に異常はないと認め，私も全く同様に思ったこの男が，どうしてこんな犯罪を犯してしまったのだろう。彼の精神は，どのようにして曲がりくねった暗闇に迷い込んでしまったのだろう。私は裁判というのは技術的なものだと考えていたのです。ところが実際には，むしろ心理学的な問題が取りあげられていました。この犯罪を犯したら，法律はこれだけの罰を与えるというように，裁判とは，まるで機械のように当てはめていくものだと想像していたのです。一方で，形式的なことが網羅された刑法典という法律があり，他方で，環境や家族や社会の現場など，とらえどころのないものがあるということが分かったのです。裁判は，それらすべてを視野に入れたものでした。一方にルールがあり，他方に裁判とは一見関わりがないようで，実は理解することが重要な一連の要素があるのです。行為を裁くことに甘んじてはならず，その行為の原因となったことがらを理解しなければならないのです。訴訟が始まるまでは，私はこのような認識からは，ほど遠いところにいたのです。」

ジャン－ピエール　ジェティ

重罪院裁判長

「重罪院のアプローチは，被告人の人格面を非常に重視するものです。法律が正にそれを想定しているのです。人格を理解することによって事実が解明されるからというだけではなく，制裁の程度についても大きな影響を及ぼすからです。しかしながら，これ以上は立ち入ってはならない，と私が信じている理解の程度というものがあるのです。理解しようとするあまり，すべてを説明し，すべてを理由づけてしまってはなんにもなりません。われわれは裁くためにここにいるのです。その役目を忘れてしまうと，感情移入して，正義を妨害することになるのです。つまり，社会の利益と被害者の利益を害するおそれがあるのです。危険なのは，被告人の行為を許してしまうほどに，被告人の人格を理解してしまうことなのです。判事には許す権利はないのです。許すことができるのは被害者だけなのです。」

➡ **無罪の推定**は，1789年の人権宣言の第9条に，「何人も有罪と宣告されるまでは無罪と推定される」と明記されている。フランス法のこの基本原則の当然の結果として，疑わしきは被告人の利益となり，無罪放免とする。無罪の推定は，世界人権宣言の第2条にも謳われている。

被告人

予審判事が，警察の捜査を指揮し，その事件を重罪院に送致するかどうかを決定する。予審判事は，被疑者の尋問と勾留がなされた段階で，「真実を明らかにするためのあらゆる調査」を行うために任命される。こうした調査を終えた後，十分な嫌疑が揃ったと判断すれば，重罪院に送致する。「被疑者」は，こうして「被告人」となる。数ヶ月，数年にも及ぶ被告人の被告席への出頭は，未決勾留刑務所から行われる。

法律は，被告人が身体の自由を奪われることなく —— 手錠をはめられずに —— 出頭し，ただその逃走を防ぐため看守者を付ける，と明記している。また，被告人が出頭まで自由の身でいることもある。その場合には，被告人は被告席ではなく弁護士の隣の席につく。裁判長は開廷の数日前に被告人と会って，被告人の民事身分と容疑について確認し，証人と陪審員のリストを彼に手渡す。

被告人

マルセル

「被告人席の顔がよく見えたよ。乱暴者だったね。今にも被告席を飛び越えて，また何かしでかすんじゃないかと思ったよ。もう一人は，ほんのガキで，バカなことをやっちまったんだね。」

エヴリーヌ　ゴスナヴ-ルシユール
検事

「被告人は，防御のために様々な手段をとることができます。明白な事実を含むすべてを否定して，一件記録に書かれた一つ一つの要素と対決する者。事実は認めても責任を認めない者。これは私が『被害者の面をかぶった』防御と名付けているものです。彼らによれば，彼らが非難されている行為は，他の誰かにそそのかされてやったもので，むしろ自分の方が被害者だというのです。強姦事件でよく聞かれる弁明です。事実を認め，自分のしたことを自覚した被告人もいます。その場合には再犯の虞はあまりありません。ともかく，否定する者がいれば，起訴事実に疑いが生まれます。こうして法廷は無罪の評決に向けて動き出すのです。重罪事件の公判が始まったときには，どのような結論が導き出されるのか，実際には誰にも分からないのです。」

ジャン-クロード　オスティ　弁護士

「被告人が判事たちの前に出頭するのは，非常に大変なことなのです。どんな態度をとればいいのか？　多くの場合，そこにいるすべての人の中で弁護士だけが，彼の人格の奥深くを知るために十分な話し合いをしてきた者なのです。そしてそこで知り得たことを伝達でき，面接の中で見せた被告人の人格の断片を，一つの形にまとめて示すことができるのも弁護士だけなのです。」

エマニュエル

「事件の重大性に気づいていない被告人もいたようでした。彼らがやったことは，殺人や強姦だというのに……。」

彼が私の教え子のひとりだったとしたら……　ジャン-クロード

ポール

「もし被告人と俺が逆の立場だったら，どうだろうと考えたんだ。彼は，俺と同じ方法で俺を裁くだろうか。もし，俺の息子が被告人だったら，あるいは，俺の娘が被害者だったら？　その日は，皆，そういうことを考えながら，それぞれの家路についたんです。俺は夜になっても，そのことが頭から離れなかったよ。」

証人と鑑定人

法廷では，すべての人が
泣いていました。
被害者も，被告人も，それぞれの家族も。

証人と鑑定人

ポール

「いやあ，長い時間かかったよ。証言に費やした時間は，時々不毛に思えることもあったね。本当に知っているのかと疑いたくなるような証人もいましたよ。ほとんどの証人は，俺と同じで事件の現場にはいなかったのに，ずいぶん手厳しいことを言う人もいたよ。証言は入り乱れ，堂々巡りだよ。そうこうするうちに突然，重要な情報が飛び出したんです。些細なことだったんですが，それがきっかけで議論が前に進んだんです。だから常に注意深く耳を傾けていなければならないのです。」

ダニエル

「証人と鑑定人が相次いで出てきました。私に課せられた義務は聞くことでしたから，必死で耳を傾けました。でもなかなかうまくいきませんでした。私は自分自身が，大きな仕組みの中のちっぽけな存在に思えたり，とてつもなく重要な役目を担った探究者のように思えたりしました。次々に出てくる人たちの言い分に翻弄され，右に左に大きく揺さぶられているような感覚を覚えました。互いに矛盾する議論を聞いていると，自分の中に沸き起こってくる感情は次々に変化しました。ある人の証言を鵜呑みにして判断し，すぐにそれは間違えだと気づいて，もとの自分の意見に戻ったり……。まるで迷路に迷い込んでしまったようで，不快な気分でした。二つ目の事件では，感情を抑え，判断することなくひたすら聞くことに専念しようと決めました。もっと冷静になろうと努力したのです。すべての証言が終わるまで，判断することを放棄し，聞く立場に徹したのです。評議の時間はたっぷり与えられていましたから。一つ目の事件の時，私は流されるままになった梶のない船のようでしたが，二つ目では，かろうじて梶棒を握っていました。だからといって，大した違いはないのかもしれません。でも少なくとも平静な気持ちでいられたのです。動揺した気持ちが，冷静な判断をする上で好ましいこととは思えません。」

ヴェロニック

「法廷では，すべての人が泣いていました。被害者も，被告人も，彼らの家族も。事件の時は，こんな風ではなかったのです。緊迫した，強烈で激しい瞬間だったのです。『口頭弁論主義』によって，審議は荒々しくなります。証人尋問は，面と向かって行われます。事件の場にいた人たちによって語られる事実は，特別な重みがあります。私は非常に神経質になって，事件のことが頭から離れなくなりました。おそらく正常な精神状態ではなかったと思います。多かれ少なかれ，陪審員は皆それぞれに，こうした緊張感を強いられていたのです。休廷の間は，ひっきりなしにしゃべらずにはいられない陪審員もいれば，みんなから離れてひとりきりでいる陪審員もいました。」

フレデリック

「まるで人生を映す芝居を観ているようでした。」

⇒ 裁判長，検事，被告人と弁護人は，予審の一件記録を参照しようとしても，それは公判の間は封印される。重罪院での訴訟は，「口頭弁論主義」という原則に基礎をおいている。一件記録を見たり，朗読したりするのは，例外的なことである。陪審員は法廷で聞いたことをもとに，自分の意見を形作らなければならないのである。

証人と鑑定人

ダニエル

「精神科の医師たちの証言は印象的でした。彼らの尊大な態度には当惑しました。専門領域でもないのに，あれほどまでに断言できるだけの確信がどこから生まれるのか不思議です。専門家の鑑定の中には，まるで刑の宣告のように聞こえるものもありました。だいたいにおいて，私は議論の際に，確信をもってものを言う人間を信用できません。」

エマニュエル

「ある事件で，2人の銃器専門家が，相反する意見を述べました。その他の証言は専門用語ばかりで，まるでわけの分からないものでした。それに反して，性格検査に関する証言は，被告席にいる人間をよりよく理解するのに役立ちました。」

ジャン

「心理学の大先生が，証言台で再犯の可能性は誓ってありえないと断言しました。彼は裁判に真実味のある具体的な証拠を提供したのです。」

専門家の鑑定の中にはまるで刑の宣告のように聞こえるものもありました。

→ 証人たちは，法廷に入る前に別々の部屋で待機し，裁判長が選んだ順序に従って証言をする。証人は，その供述に先立ち，「憎悪や恐怖の念を去って一切の真実を述べ，かつ，真実以外の何事も述べない」旨を宣誓する。被告の家族，私訴原告人，および16歳未満の子供は宣誓を求められない。刑事訴訟法第326条により，呼出しを受けた証人が法廷に出頭しないときは，警察力をもって勾引すべきこと，また証言を拒む証人は3,750ユーロの罰金刑に処せられることが定められている。

証人と鑑定人

私はときどき外へ出て頭を抱えたくなりました。

ブリューノ　ジェステルマン 検事

「ある時期，われわれ検察官が犯罪現場のカラー写真を陪審員に見せていたことがあり，弁護士の反発をかったものでした。事件によっては，血だらけの現場を写したものもありました。しかしながら，こうした現場写真でさえ，真実からは遠くかけ離れていたのです。ある者が激しく襲いかかった，あるいは，重傷を負わせたと一件記録に書かれているとき，その現実の様子は弁論の中で明らかにされなければならないのです。また警察の捜査や予審の際に使われた写真の中には，事件を生々しく追体験できるものもありました。しかしそれを法廷に持ち込むのは，あまりにも非常識だと非難されて，別の写真を採用したこともあります。被害者とその近親者が体験した悲劇は，決して忘れてはならないのです。夫を失った妻の悲しみ。父を失った子供の悲しみ。それがどんなに辛いものであっても，事件への憎しみも，結末の残酷さも忘れるべきではないのです。山積みの一件記録の向こう側に，実際の体験があるのです。その体験にもとづいて，誰かが，すなわち検事が発言し，起訴しなければならないのです。」

➡ 刑事訴訟法第306条によれば，弁論は，「公の秩序又は善良の風俗にとって危険である場合を除いて」公開しなければならない。しかしながら，被害者は弁論の非公開を請求することができ，強姦事件においては，その請求は拒まれることはない。あらゆる事件において，開廷中の録音・録画の装置の使用は，例外的に許可される場合を除いて禁止されている。第307条には，弁論は「判事及び被告人の休憩のために必要な時間」中断される以外，継続しなければならないという規定が置かれている。

証人と鑑定人

エマニュエル

「感動的な場面もありましたが、全く滑稽な場面もありました。私はときどき外へ出て、頭を抱えたくなりました。うんざりするような証言もありましたし、いたたまれない気持ちになったこともありました。感情を顔に出さないよう注意されていましたが、それは容易なことではありませんでした。」

マルセル

「頭が混乱しちまって……。午前中に聞いたことは、午後には忘れているような感じだったね。」

フレデリック

「われわれは突然、別世界に足を踏み入れます。その世界では、聞くことと考えること以外には何もしてはならないと言われます。まるで数日間、パンテオンの神になるよう要求されたようでした。」

ドゥニア

「各人各様の話し方をしていました。被告人は注意深く言葉を選びながら、用心して話していました。弁護士は雄弁で力強く話しました。検事は簡潔な言葉を用いて、事実を強調するように話しました。被害者は、言葉をのどに詰まらせながら話しました。私は舞台の袖にいて、舞台裏というべきか、表舞台というべきかを見るために、幕を持ち上げているような印象をもちました。私はそこで今まで知らなかったこと、体験したことがなくて理解し難いような出来事を垣間見ました。法典とともに生きてきた人たちの姿や、私とは違う態度も垣間見ました。二日目の朝は気分が悪く、なかなか起きられませんでした。精神的にとてもまいっていたのです。」

裁判長

ステファニー　ルロワ　弁護士

「それぞれが自分の役割を演じるこの劇的な闘技場で，裁判長の公平さは揺るぎないものです。陪審員の方々は，裁判長が大きな権威をもち，経験豊かな人であるという認識をお持ちのことでしょう。一方に，司法学院を卒業して資格を取得した職歴のある裁判官がいて，他方に，くじ引きで選ばれた『一般市民』がいるのです。裁判をする上で，両者に大きな違いがないとどうして考えられるでしょう。私は，裁判長の個性によって刑事訴訟の流れが決定づけられると信じて疑いません。公判は裁判長ごとに非常に異なるものなのです。」

ジル　ラタピ　重罪院裁判長

「よい裁判とは，訴追側と弁護側の双方が，それぞれの役割をきちんと果たしている裁判のことです。そのような裁判においては，裁判長が弁論を修正しなくても，両者はおのずから釣り合い，重要ポイントが明確になります。それに対して，弁護人か検察官が論客でない場合，裁判長は弁論の釣り合いを保つために，介入しようとするかもしれません。それはさじ加減の難しい錬金術です。裁判長は，適切な訴訟手続きをふまえながら，船を無事に目的地に誘導する任務を課せられているのです。裁判官の数だけ，重罪院公判を取り仕切る方法があると言われる所以です。同じ事件であっても，ある裁判長は，事実を解明することが自らの役割であると考え，事件を綿密に調べようとします。別の裁判長は，ある時点で陪審員が納得したと見るや，それ以上細かいことに立ち入る必要はないと考えます。干渉主義の裁判長もいれば，謙抑主義の裁判長もいます。一件記録に記載されていることはすべて，理論的には審議の中で扱うことができます。しかし，すべてに触れることは不可能です。捜査には，誤りもあり，迷路もあり，袋小路もあり，決して真実に近づけない記載事項もあるのです。公判では，大切なことに重点を置かなければならないのです。これかあれか，どちらを重視して取りあげるかというとき，裁判長が決定権を持っているなら——このことがしばしば批評家の批判の的になるのですが——，対峙している当事者のどちらか一方にとって重要と思われる事柄を，見過ごすことはできません。」

> **よい裁判官が
> よい陪審員を
> 育てるのだと思います。**
> **ダニエル**

エマニュエル

「数日間の公判で，事件の全容を理解することなどできません。陪審員には，重要な点を指し示してくれる人が必要なのです。それが裁判長でした。裁判長の助けは必要なことでもあり，同時に，しない方がよいのではとも思えます。なぜなら，裁判長の手助けは，一方で安心感を与えてくれましたが，他方で自分の判断がそれによって影響されていたことに気づいたからです。」

➡ **重罪院裁判長**は，控訴院の部長または判事があたるが，彼は国立司法学院（ENM）で免許状を取得した役人である。彼は「椅子に座った」司法官であり，フランス法に適した判決を下す役目と，訴訟手続きが適切に行われているかを監督する役目を担う判事である。彼の役割は，明確に定められている。彼が選んだ順番に従って弁論を取り仕切り，法廷の治安を確保し，被告人，証人，鑑定人に質問し，彼が有益だと判断した証拠物件を提出させることができる。裁判長は，「自己の

裁 判 長

名誉と良心にかけて，真実の発見に有用であると信じるすべての措置を講じることができるよう自由裁量を与えられる」。しかしながら，裁判長はあらゆる権利を持っているわけではない。彼には公平であらねばならない義務があり，罪状についての意見を表明することはできない。彼は結局，破毀院のダモクレスの剣に服従している。訴訟手続きに違反があれば，判決は無効になることもある。裁判長は2人の陪席判事に補佐される。陪席判事は一件記録を見ることはできない。狭義の裁判所は，裁判長と陪席判事2名の3人で構成される。

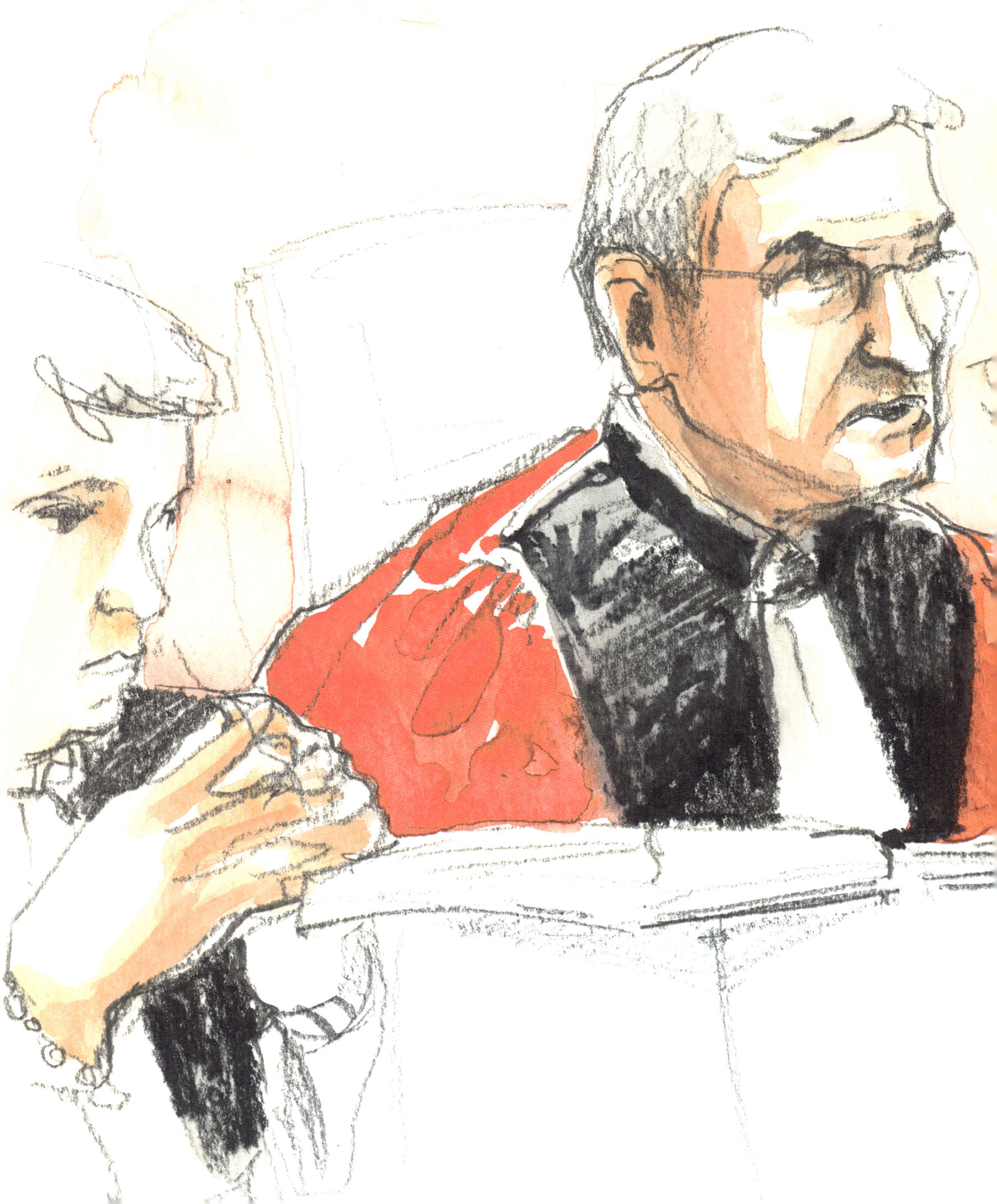

検事と弁護人

社会が許さないと考えていることを忘れてはなりません。

ブリューノ　ジェステルマン 検事

「われわれが社会の名において守ろうとしている価値観とは何なのか，考えてみなければなりません。われわれは，スリは強姦よりも軽いと認定し，強姦は殺人よりも軽いと認定します。われわれは，許し難いことの最たるものは故殺であると考えます。こうした価値観に照らして，伝えるべきメッセージがあります。望まない妊娠をして悲嘆にくれた少女が，生まれたばかりの子どもを殺すようなケースであっても，『殺してはならない』のです。原則に従って，有罪の判決を下さなければなりません。何事もなかったと言うことはできないのです。あれこれと取り繕って，執行猶予を提案することはできます。しかし，このようなケースで弁護士が無罪を主張することが，被告人にとって良いことであるとは思えません。どれほどの事情があったにせよ，社会が許さないと考えていることを忘れてはなりません。大したことではない，小さな過ちにすぎない，などと言ってはならないことがあるのです。」

ダニエル

「被告人をまず告発することは，引き続き行われる彼の弁護を聞く上で，必要なことだと思いました。悪事のすべてがあばかれたあと，肯定的な論拠に耳を傾けることができました。」

➡ 検事は，国立司法学院（ENM）で資格を取得した役人である。「床に起立した」司法官であり，社会の利益を守る任務を負った公務員である。検事長によって統轄されている。検事は一件記録を見ているが，出頭前の被告人には会っていない。弁論を通して，被告人の罪状について意見を述べ，陪審員に向かって有罪判決を，と訴える。もちろん陪審員には，検事の言葉に従う義務はない。

➡ 裁判の補助者である弁護士は，自由業であり，依頼人から報酬を受け取る。法学の修士号を取得後，弁護士養成所（CRFPA）で教育を受け，一定の実習期間を経て，弁護士資格（CAPA）を取得する。弁護士会に登録していれば，重罪院で弁護をすることはできるが，実際には，3万9千人いるフランスの弁護士のうち，「刑事弁護士」と呼ばれるごく少数が重罪院で活動している。弁護士は被告人を勾留中から補佐することも多く，出頭するまでの期間が数ヶ月，時には

検事と弁護人

ステファニー　ルロワ 弁護士

「冤罪を晴らすという大義の名の下に立ち上がる場合を除いて，弁護士は正義の実現という『美談』を活動目的にしているわけではありません。弁護士は，公の利益とか『正義』とは異なる，裁判の理想を追い求めているのです。その理想とは，刑法の原則を遵守するという単純なものです。刑法は，公の利益を守るために起草され，すべての人は弁護士を付ける法的権利を有し，事情に応じて個人差を付けた刑に服する権利を有していると謳っています。刑事訴訟法典によれば，刑の宣告にあたっては，いくつかの基準が必要であると言われています。その基準のうちひとつでも欠けていれば，『被告人に利益を』という一般原則により，被告人は無罪となります。有罪の場合には，刑の人的個別化という一般原則を考慮します。もし被告人が有罪であるなら，もちろん，刑を宣告しなければなりません。それは当然のことです。しかし被告人の声に耳を傾けるのは，『大いなる正義』のためではなく，ただ単に裁かれる人に合った正義を見出すことが大切だからです。『大いなる正義』へと駆り立てる原則があるように，弁護を駆り立てる原則もあります。その原則の名の下で，弁護士は発言するのです。」

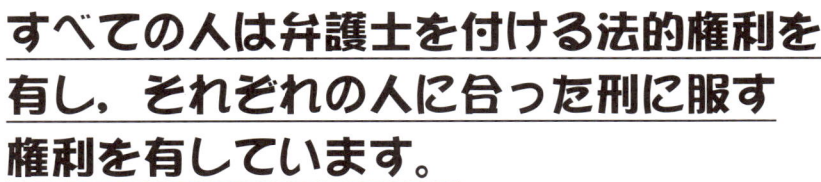

すべての人は弁護士を付ける法的権利を有し，それぞれの人に合った刑に服す権利を有しています。

数年に及ぶことがある。それゆえ，ほとんどの場合，重罪院の全登場人物の中で，弁護士は被告人をもっとも良く知る者なのである。弁護士は一件記録を見ることができ，また防御のための免責特権によって，自分の望むとおりに議論を展開

➡ **対審（法廷で当事者が対面し議論を交わすこと）**は，重罪院の基本原則である。証人と鑑定人の尋問が終わった後に行われる検事，私訴原告人の弁護人，弁護人の発言の順番は，法律で定められている。私訴原告人の弁護人は最初に発言し，

することが認められている。刑事訴訟法第317条には，被告人は弁護人に伴われて公判廷に出席しなければならないと規定されている。弁護人が不在の時には，裁判長は職権で1人の国選弁護人を任命する。

続いて検事の論告が行われ，弁護人の最終弁論が行われる。刑事訴訟法第346条は，被告人またはその弁護人には，常に最後に意見を述べる機会を与えなければならないと定めている。その最終弁論終了後に，陪審員は評議のために退廷する。

被害者

ジャン-クロード　オスティ　弁護士

「私は長い間，私訴原告人の立場で弁護だけはしたくないと願っていました。被害者の権利に関心がないからではなく，被害者の第一の弁護人は検察官だと思うからです。重罪院の席で，検察官の側に立って，検察官を支持することを言うなど，想像したくもありません。私はそういう役には向いていないのです。しかし，重罪院の裁判は変わってきました。事件の多くは血なまぐさい殺人事件ではなくなり，性犯罪に変わってきました。そしてそのような事件の被害者は，子どもである場合が多いのです。そうである以上，私の論理は通用しなくなりました。私は無罪推定される大人よりも，被害者の子どもの方に同調できます。ですから今は，何のためらいもなく，私訴原告人の法衣をまとっているのです。しかしながら，私訴原告人の弁護人の役割と検察官の役割を混同してはいないことを付言しておきます。私訴原告人の弁護人の役割は，被害者の悲しみと痛みに訴えて，民事上の賠償を求め，有罪を支持することだと思っています。決して量刑について発言する立場ではないのです。私訴原告人の弁護士は，刑について言及する客観的立場にはいないのです。私訴原告人が求めているのは，刑よりはむしろ復讐に近いのです。私訴原告人の弁護人の役割は，私が理解するところでは，被害者の苦しみを陪審員に伝えることだと思うのです。それさえできれば十分だと思うのです。性犯罪の被害者は，自分が被害者だということを承認してもらうために，重罪院にやってくるのですから。」

> **私訴原告人の役割は被害者の悲しみと痛みに訴えることだと思います。**

> **重罪院の裁判は変わってきました。**

被 害 者

被害者

ジャン-クロード

「被害者は居心地悪そうにおどおどしていて,無口でした。彼女は最低限のことしか話しませんでした。どこから見ても,全く防御の方法を持たない完全な被害者でした。社会の犠牲者であり,家族の犠牲者でした。彼女の身に起きたことは,起こるべくして起きたようなものでした。被告人を見たとき,彼に同情を感じました。曖昧な弁論を聞いていると,被告人もまた犠牲者だったのではないかとあやうく考えそうになりました。でも同時に被害者もまた,どう考えても被害者でした。被告人と被害者の間に対立とか対決というものを感じなかったのです。もっと複雑な問題でした。」

マルセル

「母親は泣いてたよ。息子が死んじまったんだ。その犯人を責めることができるかい? 誤って殺しちまったんだぜ。カービン銃で無差別殺人をしたのとはわけが違うだろ。」

どう見ても完全な被害者でした。

ブリューノ ジェステルマン 検事

「公判が終了した後,人が変わったように生気を取り戻す被害者を見受けることがあります。霧が晴れ,光が差したのです。まるで彼らの生き血を吸い取った魔物 ── ある精神科医がこういう比喩を使ったのです ── が,真実の光を浴びて消え去ったかのようです。」

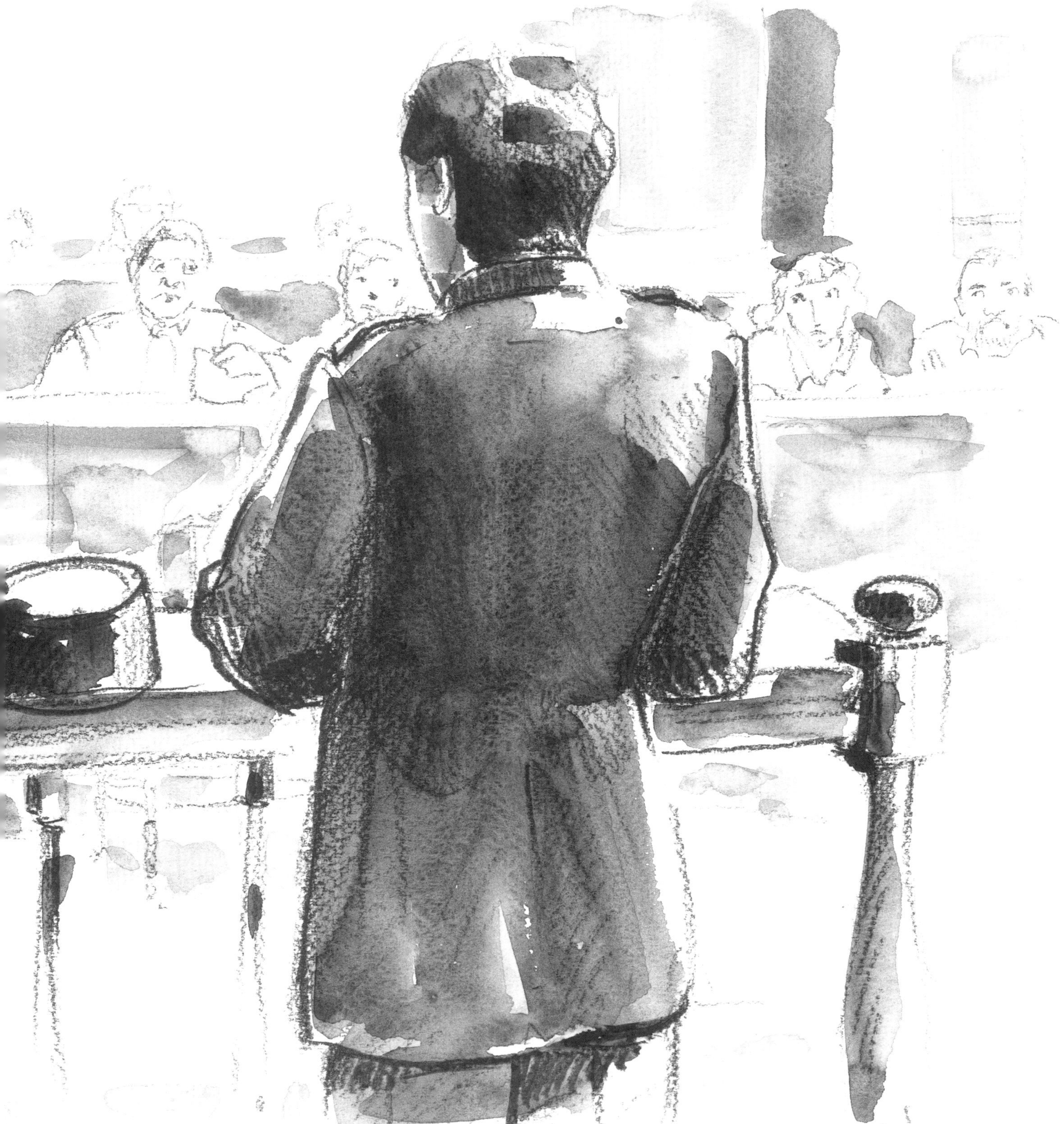

ウソ

どこかにウソがあると感じるにつれて，疑いはしだいに深まります。

ウソ

ヴェロニック

「ひとつだけ確かなことは，誰かがウソをついたということです。いろいろなウソがあります。母親がわが子を守るためにつく真心からのウソ。人を煙に巻くためのウソ。質問を封じる目的でつく保身のためのウソ……。いずれにしても，どこかにウソがあると感じるにつれて，疑いはしだいに深まります。被害者の証言が曖昧だったり混乱していたり，証人がはっきりとものを言わなかったりすると，疑いはもはや消し去ることはできなくなります。そして疑いは無罪の推定を受ける被告人に有利に作用します。疑いがあれば，いかなる有罪判決も下すことはできません。疑いを持ち出すことで，判決を下すことをやめるわけにはいかないのです。疑いは，すなわち無罪判決を下すことなのです。私は公判の間，ずっと被害者と被告人から目を離しませんでした。どうしてかしら？ 私にも分かりません。おそらく彼らの表情の中に，真実を探そうとしていたのかもしれません。」

ジル ラタピ　重罪院裁判長

「罪状否認にはいろいろな段階があります。被告人には様々な個性があり，否認にもいろいろな形があります。例えば，強姦のような重大事は認めるのですが，ペッティングのようなものは否定しようとする者があります。事実を否定しながら真実を述べると主張し，それではあなたを告発している人がウソをついているのかと問うと，そうではないと答えたりします。指にジャムがたっぷり付いているのに，ジャムの瓶に手を入れたことをとことん否定したり，やったことは認めても，手がやったのであり，自分がやったのではないととぼける者もいます。ウソ，不完全な自白，否認……，それらを見抜くことは，陪審員の方々には易しいことではありません。」

疑い

フィリップ　ビルジェール　検事

「ほとんどの場合，『無罪』か『有罪』かを選択するのではなく，『有罪の証明』か『疑いの認知』かを選択するのです。『疑い』は無罪の推定を受ける被告人に有利に作用します。つまり無罪には2種類あるのです。ひとつは被告人の潔白を承認することによる無罪であり，もうひとつは消し去ることのできない疑いから生まれる無罪です。裁くとは，ほとんどの場合，疑いをどう処理するかということなのです。有罪であることを否定しないほどのわずかな疑いであれ，疑いがあれば無罪にしなければならないのです。弁論の際，私は自分の疑い，自分の迷いに答えを出していきます。論告の際には，陪審員の疑いをできるだけ取り除くことができればと思っています。」

ステファニー　ルロワ　弁護士

「疑念を植え付けることは，確かに弁護士がよく使う手段です。しかし一件記録から見えてくる『司法上の真実』と『真実そのもの』を区別して考えなければなりません。司法上の真実は，事件をきちんと整理することであり，真実の再構成です。そこでは，ものごとは黒か白かはっきりしています。しかし，実際にはもっと複雑なのです。重罪院で明らかにされる真実は，多かれ少なかれ，実際に起きたことに近いのです。一件記録の中では自信に満ちて真実を語っていた同じ証人が，法廷では，おどおどと自信なさそうに記憶を手繰るのに出くわすことがあります。重罪院の目的は，真実を明らかにすることです。真実によって，裁判が可能になるのです。ところで真実は，時として疑わしい情報の中に隠れていることがあります。トラブルをまき散らすためだけに存在するかのような，弁護士に対するうさんくさいイメージは，考え直されるべきです。一方に確固たる真実があり，他方に疑いを植え付けようと暗躍する者がいるのではないのです。見過ごすことのできない疑いというものが確かに存在することを，認めないわけにはいかないのです。」

> **疑いは，無罪の推定を受ける被告人に有利に作用します。**

疑い

ジャン

「法廷で非難し合っているこの家族のメンバーは,今でも一緒に昼食を食べたりしていることが分かりました。私は,彼らが非難し合えることが不思議でした。彼らがしていたことは何だったのか。われわれに何を期待していたのか。彼らの関係に憎しみを感じられたなら,話はもっと単純だったでしょう。」

論告求刑と最終弁論

ヴェロニック

「重罪院はロールプレイの場です。それぞれの人が、それぞれの役を、時には滑稽なほど大げさに演じます。検察官は告発し、弁護士は防御します。それぞれの人が、それぞれの思惑を持っているのです。ものごとは決して客観的には語られません。なぜなら、それぞれが別の利益を追求しているのですから。重罪院の舞台で語られる台詞は、語る人の立場を反映しているのです。」

ミシェル

「ある事件で、検事が論告求刑を行ったとき、私は呆気にとられました。彼はまず、被告人を長々と非難しました。冷酷に、容赦なく。その後、今度は情状酌量すべき点について、細々と述べ始め、最終的にはかなり軽い求刑をしました。これは戦術だったのでしょうか。私には分かりません。陪審員を説得するためには、あらゆる作戦が用いられます。検事は言葉を巧みに操り、絶妙のタイミングで鑑定人を呼び入れます。陪審員は、荒れ狂う海の上の小舟の如く翻弄されます。結局、様々な人が、様々に語ることで、均衡が保たれ、陪審員の評決を確かなものにするのではないでしょうか。」

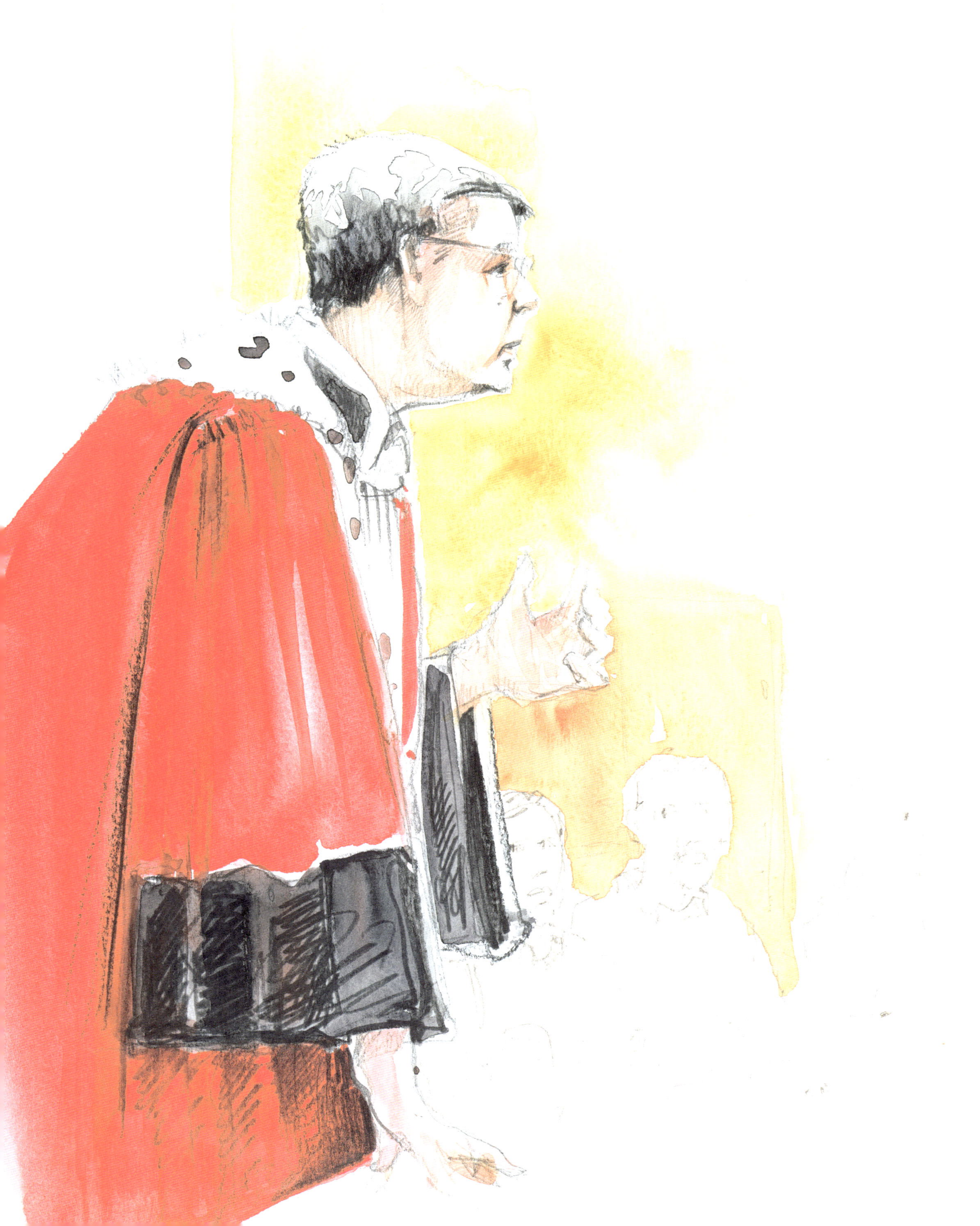

論告求刑と最終弁論

フィリップ　ビルジェール　検事

「弁護士は，"公的訴追官"である検事よりも，常に良いイメージをもたれています。なぜ弁護士は，寛容なヒューマニズム，価値，美徳，道徳的信条というものと結びつけられるのに，検事は残虐，非道，冷酷としか思われないのでしょうか。実際には，両者の役割は，それほどかけ離れたものではありません。弁護士が個人の利益を守るのに対し，検事は，社会的価値観と道徳的信条の名の下に，社会の利益を守っているです。つまりは，全市民の弁護士なのです。論告求刑には，被害者の苦悩と，被告人の宿命と，すべての人の利益を折り込みます。それゆえ，私は何を言ってもいいのです。私が自分の役割だと考えている流儀によれば，検事は法曹界で最も自由なのです。検事は，何が何でも有罪を主張しようとしているわけではありません。私は訴追者としての自分の役目を否定しているわけではありません。私はあくまでも訴追者ではありますが，徹頭徹尾訴追者というわけではありません。」

弁護士は，すべての人の権利の実現を手助けするためにいるのです。たとえその人が極悪人であったとしても。

ジャン-クロード　オスティ　弁護士

「一般の人々は，弁護士の職務について，やや誤ったイメージを持たれているようです。大ざっぱに言えば，一方で未亡人や孤児の味方というお決まりのイメージがあり，他方でさんざんに批判される悪いイメージ――真実から目を反らし，犯罪の片棒を担ぐ弁護士――というイメージがあります。この二つのイメージは相反しているように見えます。ラテン民族であるわれわれは，悪人つまり被告人の味方はしたくないという傾向があります。さらに，悪人を弁護する弁護士には，悪いイメージがつきまといます。弁護士と共犯者を混同してはいけません。弁護士は，すべての人の権利の実現を手助けするためにいるのです。たとえその人が極悪人であったとしても。すべての人は，弁護人を付ける権利を有しています。それは民主主義の特性であり，人権の尊重に他なりません。弁護士は，依頼人の弁護のために必要と思われることは，世間の目など気にせず，すべて言います。ただし，ひとつだけ条件があります。それは，自らの職業倫理に反しない限りにおいてです。われわれの弁護が客観的事実に合致していれば，誰かの感情を害することがあったとしてもしかたがありません。ウソをでっち上げて弁護することは許されませんが，事実にもとづく可能性としての弁護は保証されなければなりません。」

論告求刑と最終弁論

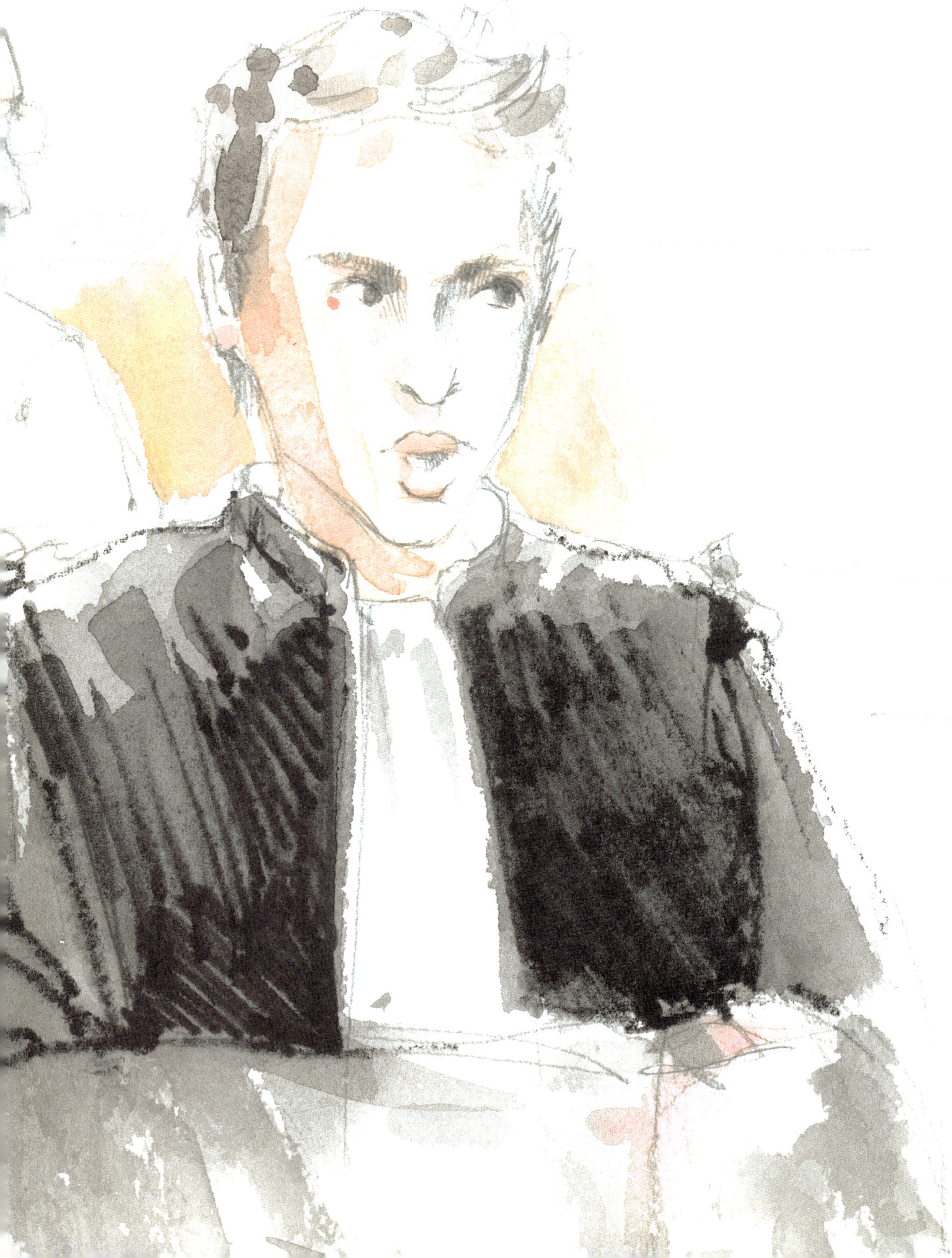

弁護人を付ける権利は，民主主義の特性です。

論告求刑と最終弁論

エマニュエル

「弁護士は，青白い緊迫した表情をしていました。依頼人を何としても刑務所には送らないという強い意志が窺われました。彼は，われわれ陪審員に向かって，かなり力を込めて訴えていました。」

もし重罪院が舞台であるなら，そこで演じられているのは悲劇です。

ジャン-ピエール　ジェティ

重罪院裁判長

「われわれは，時々，弁護側の最終弁論や検察側の論告求刑の，確信に満ちた言葉に心打たれます。また，時には，威厳に満ちた，知的で，堂々たる演説を聴く機会もあります。全く同じ判断材料から出発していることは，誰の目にも明らかであるのに，到達するところは二つの全く相容れない確固たる主張なのです。一方には大いなる正義，他方には……」

雄弁術

ジャン-クロード　オスティ　弁護士

「"言葉のマジック"とも言われる雄弁術など，重要なことではないと言えば，ウソになります。しかしながら，重罪院はずいぶん変わりました。陪審員だけが，罪状についての評議をしていた頃は，雄弁術が訴訟をひっくり返すことも可能でした。陪審員の心をつかむことによって，弁護士は明らかな事実に対抗して，無罪を勝ち取ることができたのです。しかし，そうした時代は過ぎ去りました。弁論の才能は，現在もなお効果を失ったわけではありませんが，鑑識が進歩するとともに，その影響は薄れてきました。現在では雄弁術は，とりわけ刑を軽くするために用いられます。これは合法的な手段だと思っています。なぜなら陪審員の方々は，量刑を決定する物差しを持っていないのですから。」

ジャン

「検事は，われわれ陪審員に，法典を適用するよう弁舌巧みに要求しました。条文に従って，なすべき償いがどの程度のものかを述べたのです。」

エヴリーヌ　ゴスナヴ-ルシユール　検事

「重罪院を劇場にたとえる人がいます。しかし，われわれが苦しみの世界にいるということを忘れています。もし重罪院が舞台なら，そこで演じられているのは悲劇です。陪審員の中には，泣いたり，気を失ったり，部屋を出てもよいかと頼む者がよく出てきます。救急車は，重罪院に頻繁にやってきます。唯一劇場と似ていることと言えば，対象に光を当てるということくらいです。重罪院は，事実にスポットライトを当てます。実際にあった出来事に。重罪院の舞台では，演技をする人はいないのです。」

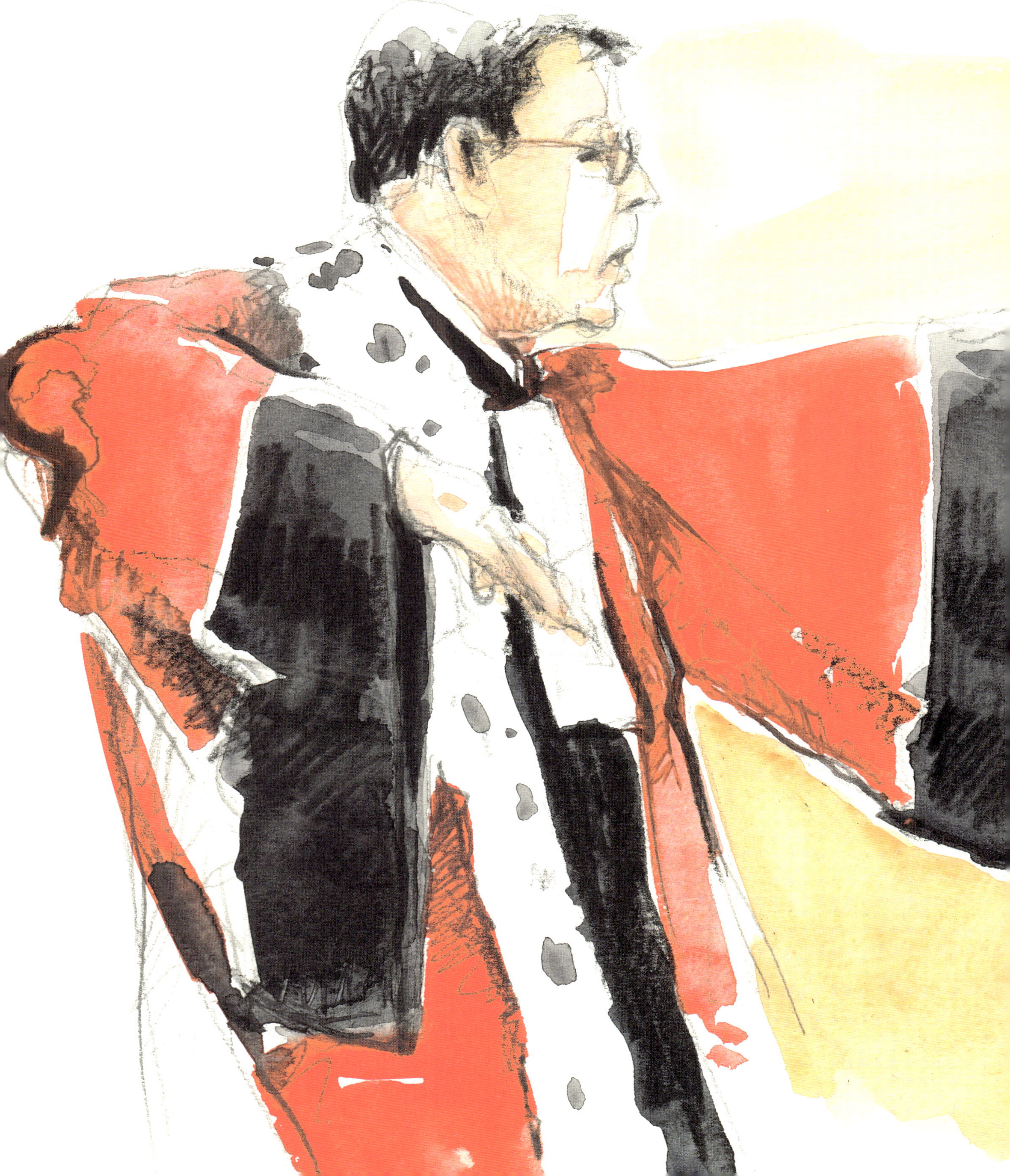

雄弁術

ジャン

「検事は,大がかりな芝居を打ちました。まるで戯曲を見ているようでした。事件であることを忘れて,その芝居に見入ってしまいました。その後に行われた弁護士の最終弁論も,非常に芝居がかっていました。弁護士は大股で歩いて,検事を罵倒しました。それもおそらく正義なのでしょう。しかし,われわれ陪審員が,理性的に冷静に考えようとしていることと,陪審員を説得するために繰り広げられる大芝居との間には,ズレがあるように感じました。彼らが求めているものが何なのか,私にはよく分かっていました。一方は,重い刑であり,他方は無罪なのです。」

ジル ラタピ　重罪院裁判長

「ある種の演劇性が,決定を下すことの重みをそれぞれの人に気づかせるのです。」

確信

ジル ラタピ 重罪院裁判長

「誰が何と言おうと,もう考えは変わらない,と思える瞬間が誰にもやってきます。選択の指針となった情報を受け入れた瞬間,非常に複雑な一件記録の中から決断を導く2〜3の論点が絞られた瞬間です。人それぞれ,確信の定義は異なります。しかし,どれも法律上の定義ではないのです。」

ジャン-ピエール ジェティ 重罪院裁判長

「確信とは何なのか,私には分かりません。それは,自分自身の中に沸き起こってくる何かであり,様々な情報の集積の結果,こう考えることが妥当であると納得することなのだと思います。確信と直感は違います。直感は説明することができませんが,確信は分析可能なことなのです。」

> **確信には,数学や物理学のような法則はなく,そもそも学問とは全く無縁なものです。**

確信

ダニエル

「ウソがあると感じたとき，確信が生まれるのではないかという印象を持っています。誰かのウソに気づいた時，確信は深まるのです。おそらく被告人にとっては，裁判所でウソをつくというのは，他の場所でウソをつくよりも大変なことなのだと思います。すぐに反応が返ってくるし，被害者もそこにいるのですから。法廷は対決の場なのです。」

ミシェル

「確信とは，公判が進むにつれて，形作られてくる意見だと思います。あるところで，この事件はこうして起きたに違いない，それ以外であるはずがないと納得するのです。そこには数学や物理学のような法則はなく，そもそも学問とは全く無縁なものです。確信はあくまでも主観的なものなのです。」

フレデリック

「陪審員が評議のために退廷するに先立って，刑事訴訟法第353条の朗読があるのですが，これが正に劇的なのです。このとき朗読された数行は私の脳裏に残っています。この数行の言葉をかみしめながら，評議室に入りました。」

ドゥニア

「証人が，被告人を重々しく非難し，ののしったとき，ふと被告人が黙りこんだのです。それは私にとって重要なポイントでした。被告人は，沈黙によってなんらかのサインを出したのです。」

→ 確信（Conviction）：〔女性名詞〕 思っていることが真実であると固く信ずる心の状態。確実性（certitude）
（ラルース百科事典より）

有罪

検察官殿，貴職の論告は…

…確かにそれを見たのですね？

鑑定によれば…

起訴状

証人を申請します　被告人，何か付け

被告人

弁護人，弁論をどうぞ　　被告人の人格

無罪放免

予謀

警察の捜査によれば

確信

暫時

被告人，起立　　　　　動機

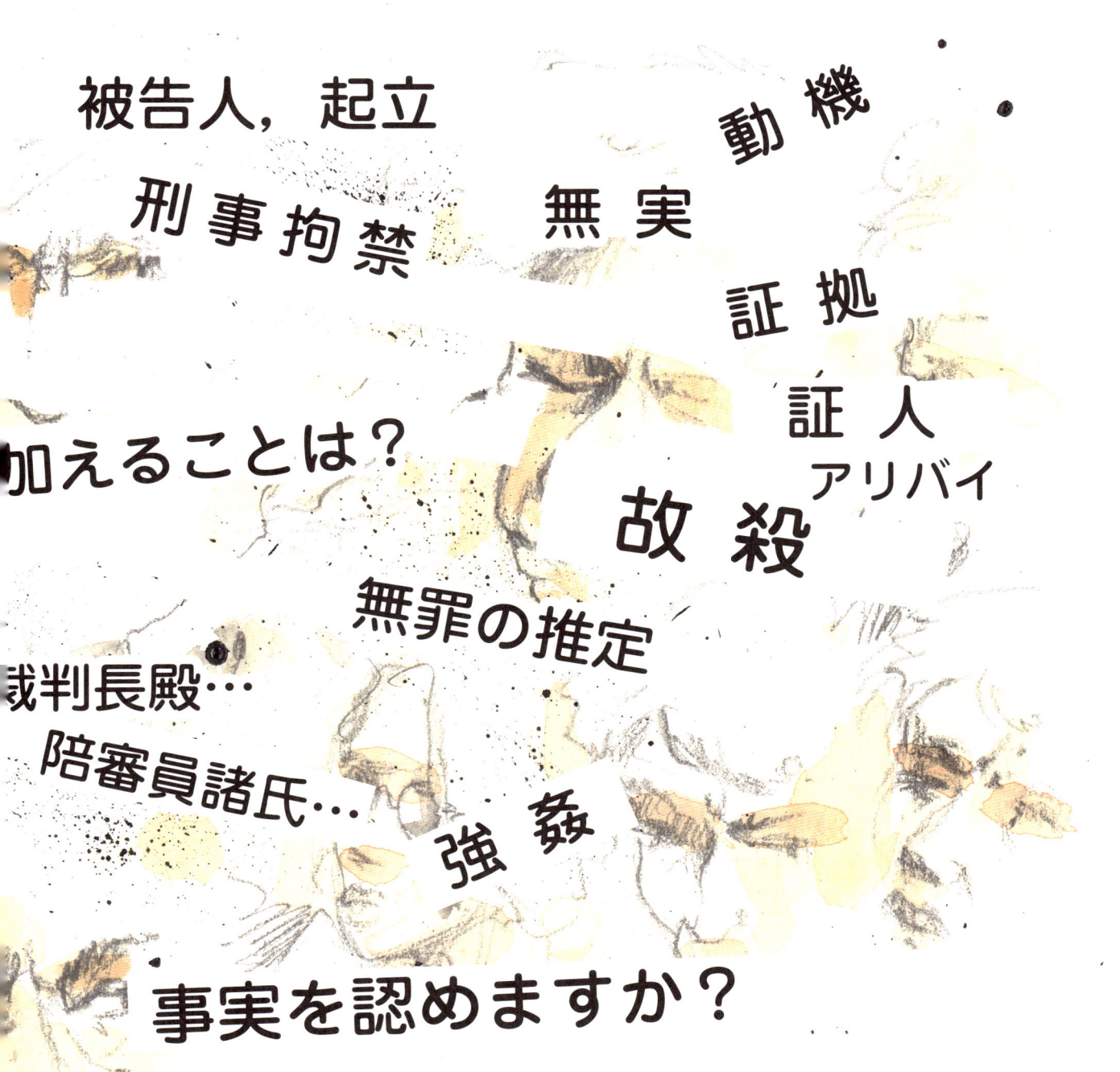

　刑事拘禁　　　無実

　　　　　　　　　　証拠

　　　　　　　　　　　証人
加えることは？　　　　　　アリバイ
　　　　　　　　　　故殺

　　　　　無罪の推定

裁判長殿…
　陪審員諸氏…
　　　　　　　強姦

　　　事実を認めますか？

休廷します。

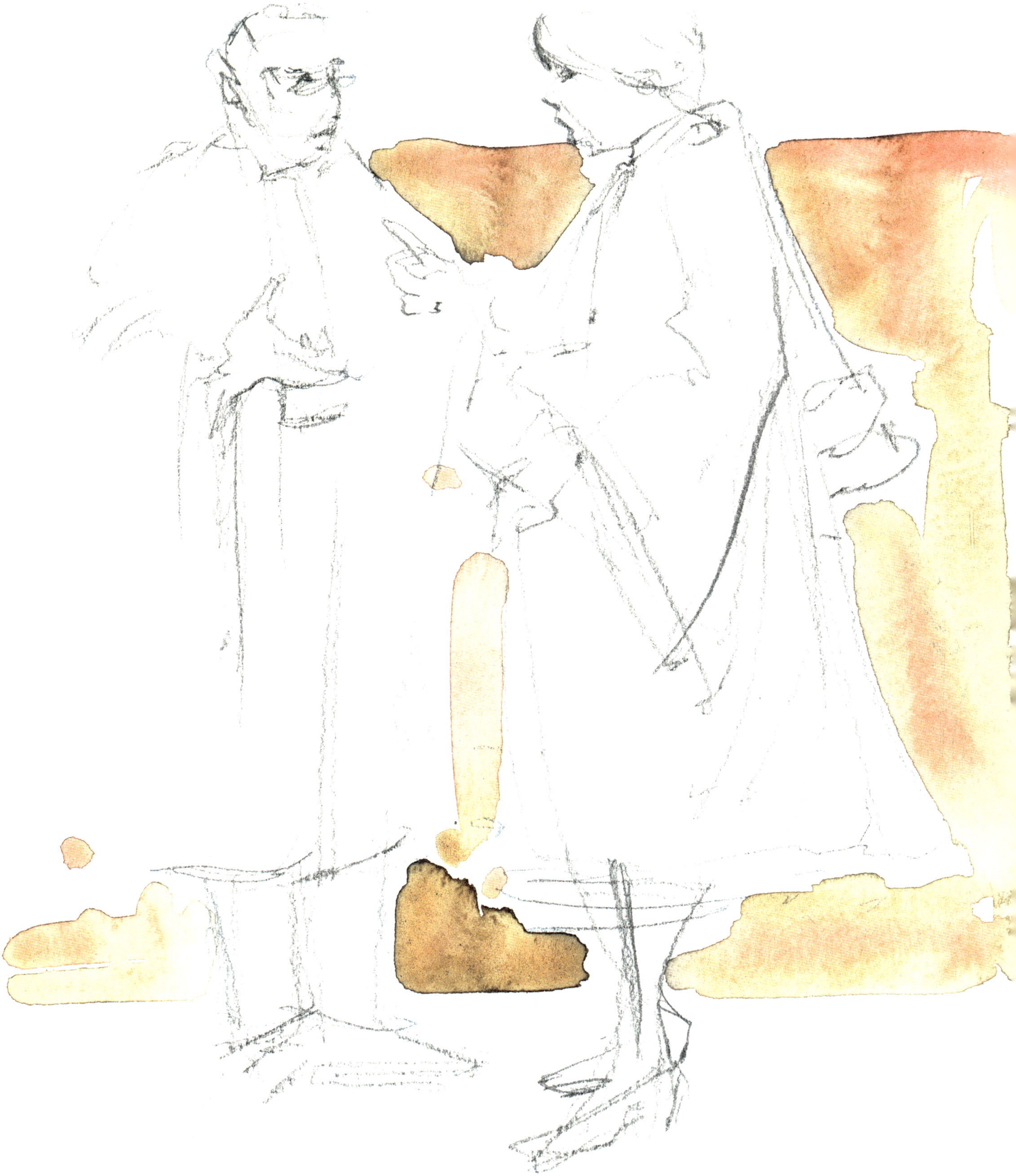

4／評議

　公判は，1日から3日ほどで終わることもあれば，数週間に及ぶこともある。陪審員は，今や事件にどっぷり浸かっている。多くの陪審員が，夢の中でうなされる……。しかしながら最も困難な使命が，まだ残されている。何時間にもわたって証言や議論を聞いた後，陪審員は被告の運命について自分の意見を述べなければならないのである。刑事訴訟法第353条の最後のフレーズが，彼らの頭の中で響き続ける。「あなたは心底から確信しているか？」評議室は閉ざされ，出入り口は守衛によって警備される。彼らの合意した決定を導き出す投票箱の鎮座するテーブルを囲み，人を裁くことの難しさと，胸を締め付けられるような二つの設問に立ち向かう。「被告は有罪であるか？」そして有罪の場合，「どのような制裁を科すのか？」時間は刻々と過ぎてゆく。評議の時間は無制限である。確かなことは，評決が出るまでは評議は終わらないということと，評議の秘密は守られるということだけである。

評議

ジャン-ピエール　ジェティ
重罪院裁判長

「友人と議論するのと，投票箱に投票用紙を入れて刑の宣告を可決するのとは，全く別のことです。評議室に現れるのは普段とは全く別の人格です。評議の際の陪審員の方々の責任感に，私はいつも目を見張ります。他人の意見に耳を傾けず，自分の意見を主張し続けるような人は，例外的にしかいません。陪審員に選ばれた市民は，完全な問題意識と責任感を持っています。彼らは，自分たちが向き合っているのが，ひとりの人間であるという事実を十分に自覚しています。非常に悲惨な事件を，衡平と正義をもって冷静に理解できる能力を持ち合わせている陪審員がいることに，私はいつも心打たれます。そのような人たちは，細やかな洞察力と知性と人間性をもって状況を分析し，私を驚嘆させます。裁判とはこうあるべきだということを，私は陪審員の方々から教えられたのです。」

ジャン

「何時間かかっても構わない。時間はどんどん過ぎていっても，われわれは結論が出るまでやったんです。」

われわれは決定を下さなければならなかったのです。
集団としても，個人としても。

陪審員に託される設問が読み上げられ，刑事訴訟法第353条の朗読が終わると，裁判長は休廷を宣言する。その後，裁判官と陪審員は，出入口を警備された評議室に入る。評決をした後でなければ，彼らは評議室から出ることはできないし，また，外部からの接触は一切排除される。トイレに行くときは，警備員が付き添う。評議は，一般的にはまず全体討議から始まり，そこでひとりひとり自分の意見を述べることができる。そして投票の時がやってくる。各設問について，別々に投票が行われる。「私の名誉と良心とにかけて，私の判断は……である。」という文言が記されている投票用紙に，自分の決断したことを秘密に記入する。投票用紙は，各評決後，直ちに焼却される。

評議

フレデリック

「評議の時は，ずっと先のことだと思っていましたが，あっという間にやってきました。決定を下すまでには，様々な葛藤があることだろうと心配していました。私は，他人と言い争いをするためにここへ来たのではないのです。他の陪審員の多くも，私と同じ考えでした。われわれは，決定を下さなければならなかったのです。集団としても，個人としても。われわれは，議論し，じっくり考えたかったのです。誰もが，他の陪審員を説得しなければなりませんでした。テーブルを囲んで，われわれは率直に，『有罪だと思います』とか，『彼は無実だと思います』と，言い合いました。友だちとディスカッションするのとは，わけが違いました。ひとりの人間を裁いているのです。法廷に戻って，われわれの決断を報告しなければならないのです。責任は重大です。裁判長はそのことをわれわれに何度も繰り返し言いました。近所のカフェのカウンターで，何かの事件について自分の考えを言うのは簡単です。でもひとりの人間の運命がかかっていると知りつつ，自分の意見を言うのは，たやすいことではありません。われわれが今裁いているこの人が，この先どうなるのかを決めるのです。」

ここは，人間が普段の自分以上の崇高な存在になれる場所です。

ジャン–クロード

「私はみんなからたくさんの意見が出ると思っていました。検事と弁護士は，180度違う意見を述べました。一方は，われわれの前にいるのは，社会的に危険な人物だと主張し，他方は，全くそうではないと主張しました。私は，この二つの主張のどちらにも共感できませんでした。前者はあまりにも厳しすぎるし，後者はあまりにも甘すぎて，事実がねじ曲げられていると感じるほどでした。私は評議室に入っても，まだ補足的情報を期待していました。

とても驚いたことに，陪審員はみな真剣そのものでした。みんな裁判にとても協力的でした。話し方は，みな自己流でしたが，みんなが何か意見を言いました。人間の誠実な一面を見たようで，私は勇気づけられました。どんな場合にも，好意的な態度をとってこなかったような人たちまで，立派な態度で取り組んでいました。ここは，人間が普段の自分以上の，崇高な存在になれる場所なのだと思います。」

評議

ジル　ラタピ　重罪院裁判長

「評議に参加した12人のひとりひとりが、最終決定の12分の1の責任を引き受けるのです。裁判長も、他の人と同じ12分の1の責任を負っているのです。司法官であり、裁判長という地位にあるため、ある場合には、その1票には特別な重みがあることに疑いを挟む人はほとんどいないでしょう。陪審員の中には、裁判長が影響力を持っていることに安心感を抱く人もいます。しかし裁判長の存在を全く意に介さない陪審員もいます。裁判長は少数派であり、経験豊かな司法官から見ると見当違いに思える刑が、多数決で可決されてしまうこともあり得るわけです。おぞましい強姦事件においては、陪審員の方々は、厳しすぎる判定を下しがちです。また、時には非常に人当たりの良い被告人と対面することもありますが、その人が重罪を犯した事実は変わらないのです。裁判長は、時には職責で評議に介入するべきであると考えます。しかしそのことは、裁判長には迷いがあってはならない、ということを意味してはいません。裁判長の意見は、時には陪審員の意見よりも優柔不断であることもあります。裁判長が確信していないこともあるのです。」

ジャン-ピエール　ジェティ　重罪院裁判長

「陪審員は、自由で責任ある市民です。陪審員は、自らの選択と決断に責任を負っています。裁判長として、私は陪審員の方々と同じ1票を持っています。この資格で、私は必要なときには自分の意見を述べさせていただきます。もしそのような場合には、私は最後に必ず一言付け加えて、私の意見に同意するかどうかは、個々人の自由であることをはっきり申し上げなければならないと考えています。同様の配慮から、私はいつも評議の際、法服を脱ぐことにしています。そうは言っても、有罪か無罪かを追究する時と、刑罰を選ぶときの二つの段階を区別する必要があります。有罪か無罪かに関しては、裁判長が市民の方々よりも筋の通った議論を展開できるとは思えません。どうして裁判官が、他の市民よりも判断力があると言えるでしょうか。しかし刑罰を選択するにあたっては、陪審員には考慮すべきデータを提供する必要があると考えています。司法のプロとして、私は事件の重要性の度合いを容易に指摘することができます。一口に殺人や強姦の罪科を決定すると言っても、事件により状況は千差万別です。ですから当該事件を、類似の事件体系の中に位置づけ直す必要があると思うのです。裁判長はまた、当事者の人格や社会復帰の見通しについても、判断材料を提供することができます。われわれ裁判官は、陪審員よりも受刑者が将来どうなるかを知っています。こうした判断材料の取捨選択は、陪審員に委ねられます。ここでも、決めるのは陪審員なのです。われわれは量刑を常識的な範囲から外れないよう、ある程度まで絞り込むことはできますが、審判を取り仕切ることはできません。私が避けたいと思っていることは、陪審員の評決が場所や陪審団の構成に左右されるような運まかせなものに陥ってしまうことです。そうなってしまっては、もはや裁判とはいえません。」

ポール

「学位をもっているかどうかは問題じゃない。みんな同等なんだ。陪審員の意見は、どれもみな同じように重視されたよ。すべて同等にね。誰もが思っていることを言えたんだ。投票の時だけは秘密だったけどね。誰が何を書いたかは絶対に分からないようになっていたんだ。ひとりひとりの考えが、ことを進めたけど、決断は多数決さ。」

ジャン

「みんなが自分と同じように考えているわけではない、ということが分かったんです。それに、客観的な意見を言ったり、的を射た質問をするためには、自分の意見への執着を捨て去らなければならないけれど、それはなかなかできることではないということも分かりました。母親は子どもの問題には、非常に感情的になるし、科学者は科学的な答えを探そうとします。被告人が環境に左右されるように、陪審員もまた、環境によって考え方が偏っています。」

みんな同等でした。

→ **刑の人的個別化**は、フランス刑法の原則である。法律には、被告人は彼が為したことを裁かれるだけでなく、彼がどのような人間であるかも裁かれるべきである、と明確に書かれている。「裁判所は、犯罪の情況と行為者の人格に応じて、刑を言い渡す」と、刑法第132-24条にある。この規定により、ほとんどの場合に精神鑑定が必要とされているのである。

評議

マルセル

「みんなの意見はバラバラだったよ。みんな人生観が違うしね。人はみな平等だなんて言っても無駄だよ。脳みその量だってみんな違うんだ。みんながそれぞれちょっとした意見を言って，堂々めぐりさ。俺はなんにも分からなかったから，適当になんとかやったよ。法典なんか何の役にも立たなかったさ。人を殺しちゃいけないなんてことは，法典を見るまでもないことだからね。それに，法典を調べた後だって，裁判官たちの意見さえ一致しないままだったしね。そしたら，裁判官たちが俺たちに，奴を刑務所送りにしたらどうかって言うんだよ。あいつら，俺たちに責任を押しつけといて，被告人に言うんだろうよ。『ずいぶん重い刑をもらいましたね。その刑をあなたに与えたのは私たちではありません。良き市民である陪審員の方々です……』ってね。だから俺は返答しなかったよ。俺が全く知りもしない奴が，どうしてそんなことをやったのかなんて，分かるわけがないだろう？ それに，なんで俺がそいつを豚箱に送らなけりゃならないんだ？」

フランソワーズ

「私は，こうしていろいろな人がテーブルを囲んで意見を言って，裁判に参加するのはいいことだと思います。プロの法律家にとっては，刑務所なんて大して特別なところでもないでしょう。そういう人たちに，私たちが，ほんの少しでも影響を与えたなんて考えると，いい気分だわ。そういう意味で，私は少しはお役に立てたと思っているわ。」

こうしていろいろな人がテーブルを囲むのはいいことです。

1944年，重罪院の評議方法は大きく変わった。それ以前には，陪審員だけが集まって，被告の有罪・無罪を決めていた。陪審員が有罪を宣告すると，今度は裁判官だけで量刑を決めていた。1944年以降は，9人の市民陪審員と，3人の裁判官が一緒に評議し，12人のひとりひとりが，有罪か無罪かについてと量刑について，1票ずつ持つことになった。有罪についての評決には8票の多数を必要とする。量刑についての評決には7票の多数でよいが，法定刑の最長期の刑を言い渡す場合には，やはり8票の多数を必要とする。

有罪か無罪か？

ミシェル

「有罪か無罪か……このことがずっと頭から離れませんでした。私がいちばん恐れたのは，真犯人ではない人の有罪宣告に自分が加担してしまうことでした。私は誤判を恐れていたのです。幸い私の関わったすべての事件で，被告人が罪を認めたので，私は胸をなで下ろすことができました。罪を認めている人を罰するのと，罪を認めていない人を罰するのとでは，大違いです。」

ドゥニア

「人間の中に悪魔のような一面があるなんて，信じられませんでした。人間にそんなことができるなんてことを，容易に受け入れたくはなかったのです。私は認めませんでした。こうした考えに行き着くまでには，時間がかかりました。もしかしたら，事実を直視したくなかっただけかもしれません。『その夜，私のいなかったその場所に，いま私の目の前，数メートルの所にいるこの人物がいて，引き金を引いた……』と思い込むことは，たやすいことではありません。」

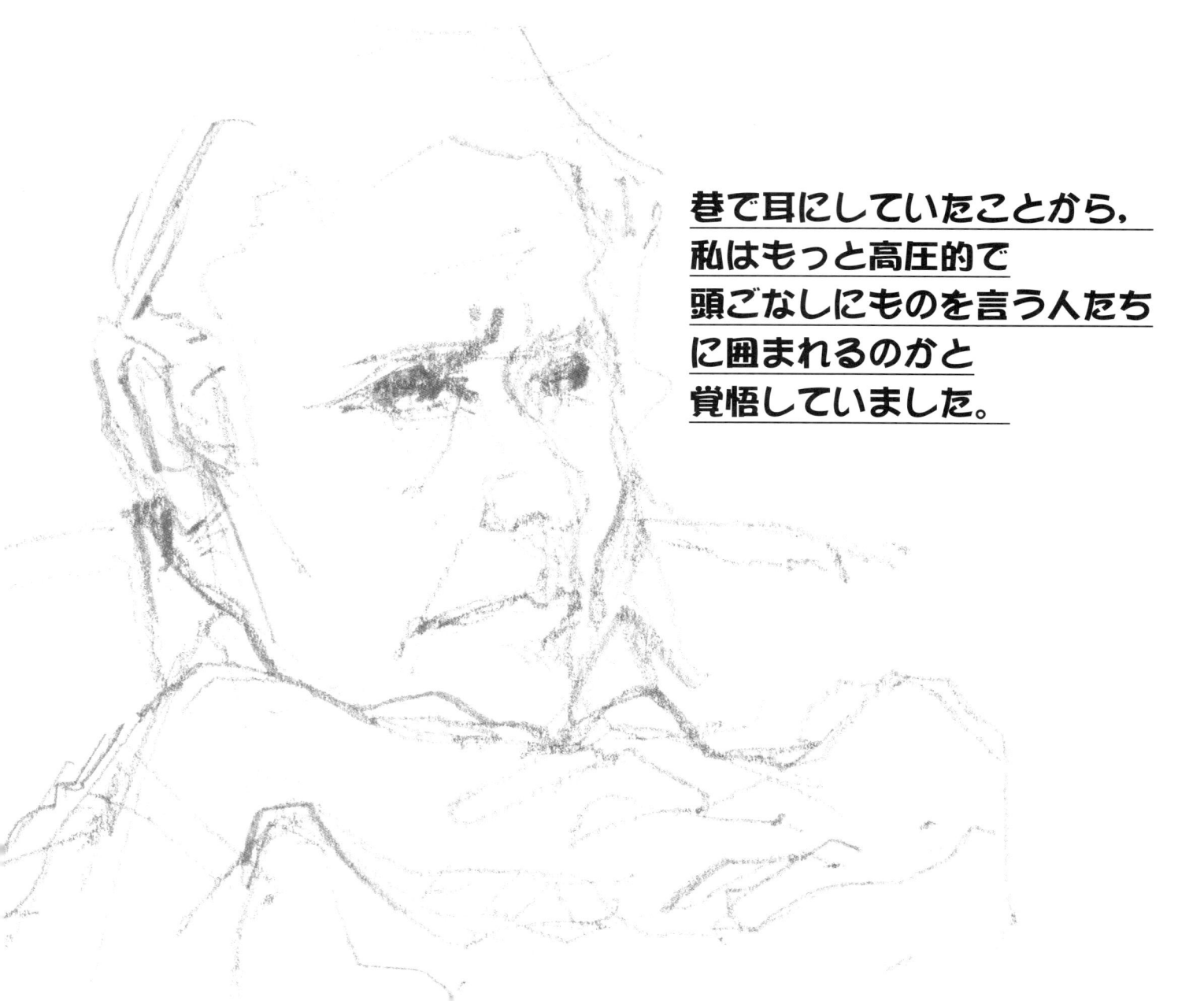

巷で耳にしていたことから，私はもっと高圧的で頭ごなしにものを言う人たちに囲まれるのかと覚悟していました。

有罪か無罪か？

エマニュエル

「この状況が苦痛だった人はいると思います。ある女性陪審員は，被害者のことを我がことのように考えるあまり，自分を見失うほど苦しんでいました。また，私は陪審員の方々が皆，自分とは異なる意見を尊重し，注意深く耳を傾け，理解しようとするのを見て，驚かされました。生まれも，性も，年齢も様々な人が集まっていたにもかかわらず，みな人の意見をよく聞き，賛否の議論をたたかわせ，黒か白かという単純な物の見方を拒否していました。巷で耳にしていたことから，私はもっと高圧的で頭ごなしにものを言う人たちに囲まれるのかと覚悟していました。議論の後，皆がそれぞれ自分の書きたいことを書いて投票しました。」

ジャン-クロード

「有罪か無罪かを判断するための質問は，実に単純明快なものでした。性器の挿入はあったか？ レイプはあったか？ もはや『はい』か『いいえ』で答えるしかない質問でした。」

投票は2回に分けて行われる。まずは有罪か無罪かについて投票し，有罪の場合には，その後，量刑についての投票が行われる。刑事訴訟法第362条に定められている刑の決定についての投票は，非常に複雑である。投票を2回行った後も，多数決による刑の決定を見ないときは，引き続き投票を行う。その場合，前回において投票された最も重い刑は排除する。白票または無効票は，被告人の有利に算入される。

量刑

ヴェロニック

「刑の年数を決めるのは，なかなか難しいことです。法律には『何年以上何年以下の刑』と規定されているので，その範囲内で適切なところを選びます。投票は，厳かで威圧されるような重々しい雰囲気の中で行われました。後から知ったことですが，投票は数時間にわたって行われたそうです。私にはとても短い時間に感じられました。」

ポール

「検事の論告求刑，陪審員の意見，被告が服した未決勾留期間，執行猶予の可能性など，いろいろなことを話し合ったよ。拘禁刑の年数に選択の幅があるので，白か黒かの問題に灰色という結論も許されたんです。」

エマニュエル

「起訴事実を認めたある被告人について，私は実刑が適当かどうか迷いました。彼は，あまりにも若すぎるし，あまりにも苛酷な人生を歩んできていました。社会生活を送りながら立ち直ってくれることを，私は望んだのです。刑務所は何の解決にもならないと思いました。評決を下す前に，刑務所制度についてどう考えるかということが，非常に重要だと思います。しかし裁判官たちは，きっぱりとしていました。私たちには拘禁刑しか選択肢がありませんでした。あとは，5年，7年，3年……という数字を選ぶだけでした。それは私にはナンセンスに思えましたが，私は自分の信念を曲げなければならなかったのです。」

エヴリーヌ　ゴスナヴ-ルシユール 検事

「刑務所というのは，犯罪の危険性が明らかな人物に対しては，十分に正当化されて然るべきだと思います。拘禁刑には，執行猶予や保護観察が付けられることがあります。その場合には，しばしば治療の義務を伴います。しかしながら，精神科医のほぼ一致した意見によれば，当事者が自ら治療しようと思わない限り，治療を強制しても意味がないというのです。さらに，性犯罪者の治療を，適切に，かつ効果的に行うのは非常に難しいのです。私は，再犯の不安を拭い去ることができません。私は論告求刑の際，正義の名において，強姦の常習犯の被害者となった未成年者に対して，赦しを求めるようになりました。」

ブリューノ　ジェステルマン 検事

「確かに拘禁刑がしばしば唯一の選択肢であり，この法的手段は時として無力であるのは事実です。しかしながら，犯罪者の更生に有益な手段があるというわけでもありません。われわれ人間は，ある種の悪に遭遇したとき，途方に暮れてしまいます。明らかに危険な人物を前にしたとき，われわれは何をすべきでしょうか。仮に刑務所が犯罪者を更生させることが全くないとしても，すべての人が正義というもののひとつの側面を理解するための助けにはなっています。犯罪者に刑罰を与える刑法によってわれわれの社会の価値観を定め，犯罪者を刑務所に送ることによって潜在的な被害者の保護を確実にするということも，ひとつの正義なのです。その他に何をすべきだというのでしょうか。犯罪者が社会的に矯正され，もはや害を及ぼすことはないと社会が判断するまで，刑務所に入れておくような不定期の刑を想像してみて下さい。率直に言って，私はそのような刑が望ましいとは思いません。」

フィリップ　ビルジェール 検事

「私は論告求刑の際，どのような刑にすべきかという説明に多くの時間を割きます。それは，権威者の命令のようなものや，恣意的な判断のようなものであってはならないと考えています。陪審員の方々が，刑を決定する際の手助けであるべきなのです。」

5年，7年，3年……という数字を選ぶだけでした。

➡ 第1の投票によって有罪が決定すると，刑法典が登場する。裁判長は，刑法第132-24条と第132-18条の朗読をしなければばらない。前者は刑の人的個別化の原則を確認するものである。後者は，無期禁錮に相当する罪を犯した者に，2年以

量　刑

私に残された選択肢が，拘禁刑しかないことに唖然としました。

フレデリック

「有罪判決が，もはや空想の世界の出来事ではなくなりました。非常に身近に感じたのです。刑務所で過ごす年数が，多いか少ないか，それは大きな問題でした。」

ダニエル

「私にとって，裁判するということは，ある人間が有罪であるか無罪であるかについて，自分の意見を述べることだと思っていました。しかし，そんなに単純なものではありませんでした。被告人が起訴事実を認めたときは，ほっとしましたが，刑のことを考えるのは大変でした。若い被告人を前にしたとき，憤りにも似た良心の呵責を感じました。裁判官たちも同じように感じていたように思います。私に残された選択肢が，拘禁刑しかないことに唖然としました。刑務所はなんの解決にもなりません。他に選択の余地がないというのはひどい話です。」

下の刑を宣告してはならないこと，また有期刑の者に1年以下の刑を宣告してはならないことを定めている。このように陪審員には，拘禁刑の年数を決めるにあたって，1～2年から数十年にまで及ぶ選択の余地が残されていることがある。また，執行猶予は，5年以下の刑にしか付けられない。5年を超える刑の場合，被告人は宣告されたとおりの拘禁刑に服さなければならない。宣告刑の刑期のうち保安期間――受刑者が絶対に服さなければならない期間――は，理論上は宣告刑の半分，無期懲役の場合には18年である。しかしながら，重罪院は，保安期間を短縮したり延長したりする権限を有している（無期懲役の場合，最高22年まで）。

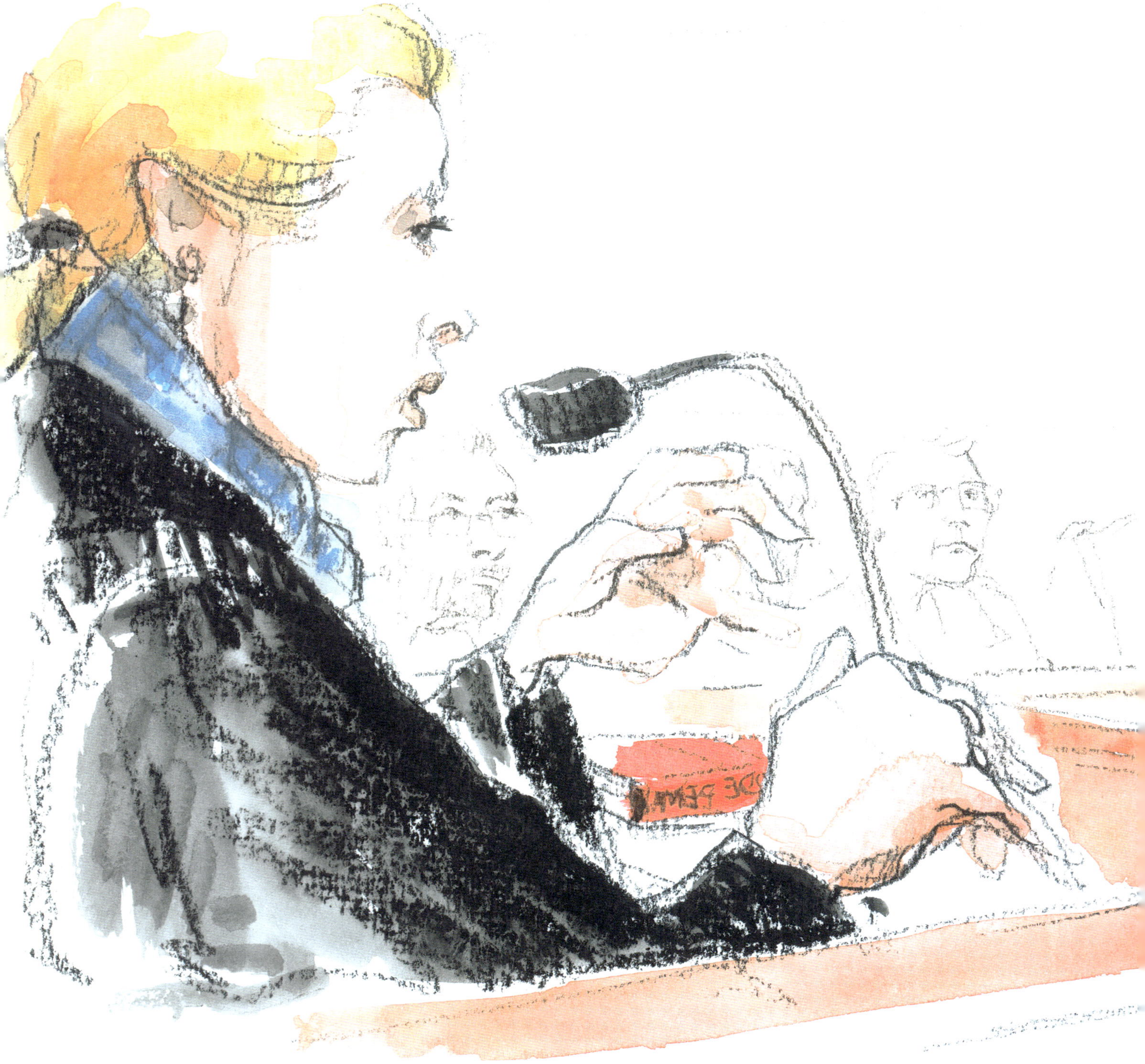

5／評　決

「判事入廷！」法廷への判事の入場を宣言する，守衛の最後の言葉が響きわたる。筆頭陪審員によって署名された重罪院の判決は，裁判長の手の中にある。まもなく判決が言い渡される。陪審員たちは，最後にもう一度，被告人や被害者と顔を合わせる。

評決

ヴェロニック

「評議の時に泣いていた陪審員がいました。彼女の意見が投票の結果，否決されたからです。彼女は，自分がかかわって下された評決が正しくないと確信していました。私は幸運にも多数派の意見でした。だから自分の選択が間違ってなかったと思えるのです。私は，われわれの下した評決は正しい，と心の底から信じています。」

ドゥニア

「評決が下されたときの被告人の目を，私は忘れることができないでしょう。そこには恐怖を読みとることができました。その目を見ていることができませんでした。あの状況で，その目を見ることは罪であるように感じたのです。彼を刑務所送りにしたことに，後ろめたさを感じていたのかもしれません。評決が言い渡されたあと，法廷は静まりかえりました。被告人が退廷した後，閉められたドアの向こうから，被告人の反抗する声が聞こえてきました。」

ジャン

「結果は無罪放免で，滅茶苦茶でしたよ。3年に及ぶ未決勾留のあと，真っ暗闇の中に，彼を潔白として解放し，悲惨な状況の中に戻しただけなんだ。あのような状況，社会環境に戻すなら，誰かそばにいてくれる人が必要だよ。彼は潔白だったさ。でも無力な若者なんだ。われわれは彼のために何もできなかったのさ。」

ジャン-クロード　オスティ　弁護士

「依頼人にとって不利な評決が下されたとき，最初に沸き起こる感情は，敗北感です。そして時には，その感情が次第に大きくなっていきます。重罪院の判決が朗読されたあと，私は自分の最終弁論を一人で振り返ることがよくあります。あのことを取りあげるべきだった，あの点を強調すべきだった，あの言葉を使うべきだった……と反省します。心が痛むこともあれば，非常に苦々しい思いに打ちのめされることもあります。弁護をした人に謝ったこともあります。もし私にそういう感情がなかったら，私は職業を変えていたでしょう。」

フィリップ　ビルジェール　検事

「私から見れば，被告人の有罪判決など，弁護士の敗北でもなんでもありません。被告人の無罪こそ，検事にとっての敗北です。しかしそれ以上に私にとって耐え難いことは，陪審団が検事の求刑よりも重い刑を決定することです。求刑をする際，私はその刑よりも重い刑を望んではいないのです。そのような評決が出たとき，そういうことは稀にしかないことではありますが，被告人に関して完全にミスを犯したことを自覚するのです。」

> **被告人を見ていることはとても辛いことでした。でも，私はあえて目をそらしませんでした。**
>
> ダニエル

→「故意に他人を殺害する行為は，故殺とする。故殺は30年の懲役で罰する。」
　　刑法第221-1条

「予謀を伴う故殺は謀殺とする。謀殺は無期懲役で罰する。」
　　刑法第221-3条

評　決

法廷に拍手が沸き起こりました。
私も一緒に，正義の実現に満足しました。
僭越ながら，プロの裁判官でも同じ結論を
出しただろうと思っています。
　　　　　　　　　　　エマニュエル

→「他人の身体に対し，暴行，強制，脅迫又は不意打ちをもって実行する性器挿入行為はすべて，性質のいかんを問わず，強姦とする。強姦は15年の懲役で罰する。」 刑法第222-23条

「武器を使用し若しくはそれによって脅迫し，又は許可を要する武器若しくは携帯を禁止された武器を携帯する者が窃盗を実行した場合，20年の拘禁刑及び150,000ユーロの罰金で罰する。」 刑法第311-8条

84

6／ 裁判のあと

　弁論は終結し，評決が下される。被告人は独房に戻るか，あるいは，釈放される。被害者は苦痛を抱え，そしておそらくは裁判が彼らにもたらした何らかの感情を抱えて自宅に戻っていく。陪審員は無名の一市民に戻る。その後何週間も事件のことを夢に見たり，事件のことが頭から離れない者もいる。すぐに頭を切り換えることができる者もいるだろう。しかしすべての陪審員は，生々しい事件の記憶と，判決を下し処罰することの難しさにショックを受け，信念を揺さぶられ，精神不安定に陥る。いずれにしても，「元陪審員」の寂寥感に襲われた彼らにとって，重罪院は忘れることのできない体験なのである。

裁判のあと

ダニエル

「陪審員になると、人とは見方が変わるような気がします。新聞に事件のことが書かれていましたが、その記事を書いた記者は、私と同じように法廷にいたのに、私とは違う視点で事件を見ていたように感じました。陪審員を体験してみて思うことは、陪審員の中で、私とは根本的に違う認識を持った人はいるのだろうかということです。私たちは皆、同じ話を聞いていたのではないか？　私は時々、刑務所にいる受刑者のことを考えます。彼が非常に若かったからです。おそらく彼は更生の途上にはないと思います。被害者のこともよく考えます。被害者の気持ちをすべて理解することなどできないだろうと思いながら。それから、被告人の娘のこともよく思い出します。父親を守るために一所懸命だった小さな女の子を。彼女は家族みんなを守ろうとしましたが、それは彼女の手に余ることでした。彼女はそんな境遇から逃れようとしたのです。なんとも辛い闘いでした。いずれにせよ彼女は、その闘いに負けました。彼女は、どうやってそこから逃れることができるのでしょうか。」

ヴェロニック

「私は被害者のことを考えました。街角で偶然に出くわしてみたいと思いました。なんの刺激もない平凡な日常に戻りましたが、私は穏やかな気持ちでいられる方だと思っています。なぜなら、評決の際の私の信念は間違ってなかったと思えるし、下された判決にも疑いを持っていませんから。裁判が終わって、家に戻ったとき、私は法廷でとっていたメモをすべて破棄しました。私にとっては、判決が下されたことで、すべて終わったのです。忘れることはできない体験ですが、細部については思い出したくありません。」

裁判のあと

裁判が終わると陪審員は何とも言えない寂寥感に襲われます。

フレデリック

「あとが辛かったです。陪審員同士で，また会って話す機会を持とうと約束しました。裁判が終わると，陪審員は何とも言えない寂寥感に襲われます。守秘義務があるのに，あの場にいなかった人に，事件のことをどうして話せますか？『あいつは，これこれの罪で起訴され，有罪となり，これこれの刑を言い渡された』などと，どうして言えるでしょうか？ 細部まで理解してもらうことなど到底できないと知りながら，状況をそんなに単純化して言えるでしょうか？ とはいえ，私は事件をあきれるほど平凡に裁きました。裁判官や弁護士が，日常の一コマに過ぎないかのように事件を裁くように。犯罪についての私の確信は，大筋で今でも変わりません。陪審員であることは，どっちつかずでいることを許しませんでしたが，迷いのないきっぱりとした判断を疑うことも学びました。私は与えられた範囲内では最良の判決を下したと思っていますが，今でも迷いは残っています。私の判断は正しかったのかどうか，今でも私にはわかりません。」

裁判のあと

ステファニー ルロワ 弁護士

「私の依頼人に対する有罪判決は，私にとっては職業上の敗北です。しかし，一口に敗北といっても，いろいろあります。検察官が，例えばDNA鑑定によって得られた，ほとんど反論の余地のない事実を挙げている場合を考えて下さい。証拠に疑いがないのに，被告人がその事実をあくまで否定するとしたらどうでしょうか。そのような場合には，陪審員の心証は明らかにできあがっています。依頼人の利益のために，われわれ弁護士ができることは，明白な事実に異議を唱えないよう説得することです。依頼人を説得できないとしたら，彼の敗北は私の敗北でもあります。」

ジャン-ピエール ジェティ
重罪院裁判長

「私はいつも開廷期が終わると，肉体的にも精神的にも疲れ果てます。私の責務は常に危うい均衡の上に立った難しいものです。なぜなら，客観性を保つためには，他人の人生に深入りすることは許されないし，奥深い人間性を理解するためには，他人の人生から離れすぎてもいけないからです。こうして，何年経験を積んでも，裁判が終わると時々ふらふらになるほどの衝撃を受けるのです。」

ジャン-クロード

「私は今でも，われわれの社会について疑問を感じています。この疑問は以前から感じていました。罪を憎んで人を憎まずと言います。事件がわれわれの社会を雄弁に語ってくれたのです。私は自分の理解を超えた行動をまのあたりにし，冷酷なまでに暗い未来を背負った人々に出会いました。社会がこうした人々と事件を生んだことは明らかです。そして被告人が刑に服しても，犠牲となった人は戻らないのです。刑は社会的報復に似ています。陪審団が多数決で下した判決は，私が望んだものとは異なるものでしたが，それでも私はその決定に満足しています。陪審員は貴重な経験でしたが，すべての人がする必要がないのは幸いです。」

> これからもまた，同様の犯罪が繰り返され，別の犯人，別の被害者が新聞紙上をにぎわすとわかっていました。

裁判のあと

ポール
「俺が陪審員を務めた事件の被告人に，ある店でばったり出くわしたんだ。俺は彼の顔を忘れることができないけど，彼は俺に気づかなかったよ。時々，重罪院に行ってみようかと思うんだ。通りを下ったところだからね。でもまだ一度も実行に移してないなあ。」

ドゥニア
「私はあまり発言しませんでした。時間の経過とともに，納得のいかなかった評決とも折り合いをつけられるようになりました。裁判所を出るとき，一人の陪審員が私たちに向かって投げかけた言葉も思い出します。『われわれはこの話の中で，いったい何だったんだ？』その後，私は彼が開け放したままのドアを閉めました。」

ミシェル
「私たち陪審員にとっては終わったことです。でも被害者や被告人にとってはそうではありません。なんだかすっきりしない気持ちが残っています。これからもまた，同様の犯罪が繰り返され，別の犯人，別の被害者の名が，新聞紙上をにぎわすとわかっていました。裁判は人間のすることですから，完璧ではありません。よい裁判をしたという自信はもてませんが，何らかのお役に立てたとは思っています。傍聴人として裁判に出席するために裁判所に行くことはできます。でも私は行きたくないのです。どうしてなのかわかりません。たぶん，あのおぞましい話を二度と聞きたくないだけかもしれません。」

マルセル
「帰宅途中，俺は地下鉄で振り返ったよ。被告人やその家族に復讐されるんじゃないかって思ってね。」

数字で見る重罪院

- 毎年司法当局に対してなされる犯罪の各種通報のうち，約1万件に1件は重罪院の管轄である。

- 2,825件の判決が，2002年にフランスの重罪院で言い渡された。

- 重罪院が関わる事件のうち，17％は故殺，13％は凶器所持強窃盗，52％が強姦である。

- 重罪院に提訴された事件のうち，約7％は無罪となる。

- 2002年に有罪判決を受けた被告人のうち，855人は5年～10年の拘禁刑，1,090人は10年～20年，224人は20年以上を言い渡され，31人は無期懲役となった。

- 重罪院の判決に対して控訴できる法律が，2001年1月1日に発効した。200年以上に及ぶ人民主権による裁判の歴史の中で，同一事件を他県の重罪院で，もう一度裁判することが可能になった。控訴の訴訟手続きは，一審と同じ条件で行われる。ただし控訴の重罪院法廷には12人の陪審員を置く。

- 2002年3月4日の法律第2002-307号は，さらに無罪判決に対して控訴する権限を検事長に与えた。

- 重罪院で裁判された事件の24％が，2002年に控訴された。

今でも私は，自分が正しい判断ができたかどうかわかりません。

あとがき

　2000年に，ある新聞社が重罪院法廷のスケッチをやってみないかと言ってきたのが始まりでした。私は重罪院がどのような場所なのかあまり知りもせず，その話を引き受けました。報道記事についている挿絵のようなものを想像して，本物そっくりの肖像画を描けばいいのだろうと思ったのです。私は映画や舞台，特にダンスについて勉強をしています。サーカスや闘牛にも興味があります。閉ざされた，儀礼化された空間で，人がもったいぶった振る舞いをすることに魅力を感じるのだと思います。しかし，そこは全く違っていました。初めて訴訟を見たときから，その経験は衝撃的なものでした。私は自分も陪審員であるかのように，何か役割を担っているような気持ちでそこにいました。私は胸をどきどきさせながら評決が下されるのを待ち，自分の考えと異なる判決が出るといらだちました。夜眠ることができなくなり，刑務所にいる受刑者のことを考えたり，複数の事件を比較してみたり，家族に残虐極まりない事件の話をしたりしました。イラストレーターの中には，法廷でのやり取りが聞こえないように，ヘッドホンや耳栓をして，描くことに集中している人もいました。最初，私には理解できませんでしたが，今ではその気持ちがとてもよくわかります。私は事件をまともに見つめてしまうので衝撃を受けるのです。うまく描けなかったものもあります。それでも，とにかく描くことに意義があると考えるようにしています。とっさに描きなぐったようなものであっても，写真撮影が禁止されている法廷では，スケッチには特別な意味があるのです。私はよくスケッチブックを法廷の片隅に放置しました。審議が中断されている間に，関係者のご家族がそれをアルバムのようにめくって見ています。新聞に掲載された後に，私に連絡をしてくるご家族もいます。そしてスケッチについて話したり，切り抜いて保存していると言って下さったりします。状況の深刻さに引き比べ，ほとんど何も描けていないようなスケッチであっても，重罪院においては大きな意味を持ち得るのです。被害者にとっては，スケッチが訴訟の唯一の記録であり，彼らに与えられた正義の象徴となることもあるのです。スケッチが何かの役に立つ場所があると考えるのはいいものです。

カティー・ボヴァレ

私は，多くの市民がある日陪審員に任命されて重罪院に関心をもつようになるのと同じように，つまりは裁判の仕組みについての予備知識がほとんど何もないまま，このテーマに近づきました。最初に非常に印象的だったことは，重罪院の仕組みの厳格さです。様々な規則を見ても，それぞれの役割分担を見ても，判決に至るプロセスはきちんと型どおりに進行しました。そして次にわかったことは，判決は結局のところ，「機械的に」下すことはできないということでした。重罪院の訴訟手続きを規定している形式的な規則も，実は枠組みに過ぎないのです。規則によって競技場の境界線は決められていますが，その中でプレイするのは，生身の人間なのです。この本ができるまでの面談は，いつも奥深く，思慮深く，意義深いもので，しばしば感動的なものでした。インタビューをする中で，確信が揺さぶられている人々に出会いました。陪審員たちは，事件の裏には様々な事情があるのに，どこまで「犯罪」という言葉で片付けてしまってよいのかと悩み，被告人の話を聞いた後より，何も聞かずに判断する方がたやすいと言いました。陪審員たちは心を打たれることもあれば，時には怒りを覚えることもあります。しかし彼らにとってこの経験は，時間をかけてじっくり考える機会となりました。インタビューを続けるうちに，私はひとつのことに気づきました。裁くということは，私的で孤独な作業なのです。陪審員はそのことを発見し，裁判のプロは日々その連続です。開廷中は言うまでもなく，後々まで，評決後の陪審員には寂寥感が付きまといます。陪審員になると普段よりも優れた人間になったり，より思慮深くなったりするのかどうかはわかりません。しかし，誰もがくじで選ばれた市民と同じように，いつも思慮深く振舞えば，重罪院にやってくる痛ましい事件は，疑いなく減少することでしょう。とはいえ，重罪院の裁きは完璧ではありません。重罪院には，注意深く繊細な陪審員もいますが，そうではない陪審員もいます。厳しい検事もいれば，そうではない検事もいます。訴訟当事者間の弁論の衡平によく気を配る裁判長もいれば，あまり気を遣わない裁判長もいます。雄弁な弁護士もいれば，そうではない弁護士もいます。そして，警察の捜査も厳しいものもあれば，そうでないものもあり，鑑定や証言にも信頼性のあるものもあれば，疑わしいものもあり，誤判もあるでしょう。しかしながら今私には，以下の問いを投げかけたある陪審員の気持ちがよくわかります。
「人間が行う裁判が，人間以上のものでありえるでしょうか？」

　　　　　　　　　　オリヴィエ・シロンディニ

重罪院の法律用語

あ

恩赦（Grâce）
大統領によりなされる刑の一部もしくは全部を免除するか，より軽い処罰に変更する恩恵的措置。

送致命令（Ordonnance de renvoi）
刑事事件を重罪院に送致して裁判するよう命じる予審判事の決定。

か

起訴状（Acte d'accusation）
刑事訴訟の最初に，書記官によって朗読される予審判事が作成した一件記録の中の起訴理由の要約。

刑事訴訟法典（Code de procédure pénale）
法律や政令や命令を集めたもので，従うべき裁判手続きの原則を定める。

刑法典（Code pénal）
法律や政令や命令を集めたもので，重罪・軽罪を定め，犯罪者に適応されるべき一般的な刑（法定刑）を定める。

検事（Avocat général）
重罪院における検事局を代表する検察官で，社会全体の利益を守る。

検察官；検事局（Ministère public；Parquet）
重罪院における司法職団。社会の利益のために監視し，法律の適用を求めることを任務とする。

検事長（Procureur général）
重罪院における検事局の代表者。

控訴（Appel）
一審の判決を控訴院によって変更または取り消してもらうことを目的とした上訴の方法。刑事事件においては，重罪院の評決を不服として破毀院に上訴された訴えは，2000年6月15日の法律に従って，重罪院によってもう1度審議される。

原本；正本（Minute）
重罪院によって下された判決のオリジナルで，裁判所書記課に保存されている。

控訴院（Cour d'appel）
初審裁判所で判決の出た事件をもう1度審議する裁判所。控訴院に訴えを起こすことを，《控訴を申し立てる（interjeter appel）》または《控訴する（faire appel）》という。

国選弁護人（Commis d'office）
刑事訴訟において，被告人が自分自身で弁護士を雇わない場合，弁護士会会長または裁判長によって任命される弁護士。

さ

裁判官職（Magistrature assise）
椅子（siège）に座って（être assis）判決を下す判事（juge）を指す言葉。床（parquet）に起立して（être debout）論告を行い，全体の利益を代表する検察官職（magistrature debout）と対比させて使われる。

裁判所書記課（Greffe）
裁判所の行政事務及び財務の日常的管理を任務とする公務員によって構成される部局。

時効（Prescription）
法定の期間の経過後，犯罪者への公訴権が消滅すること。重罪事件においては，10年で公訴権は消滅する。

私訴原告人（Partie civile）
犯罪の被害者が，加害者に対して，犯罪によって生じた損害の賠償を求める訴権を，公訴と同時に同一の裁判所において，あるいは独立に行使する場合に，その者に与えられる呼称。

執行猶予（Sursis）
刑事法廷によって与えられる受刑者への刑の執行の全部または一部を猶予する処分。

司法鑑定人（Expert judiciaire）
事実について意見を述べることを裁判官から要求される資格を有する専門家（毒物学者，精神科医，銃砲専門家など）。控訴院で作成される全国リストに登録されている。

重罪院（Cour d'assises）
一審または二審において重罪を裁判する管轄権限を有する裁判所。一般に県庁所在地に置かれているが，控訴院が存在する県では控訴院の中に置かれている。

重罪院への訴追（Mise en accusation）
予審判事による被疑者の重罪院への送致決定。

主任書記（Greffier en chef）
裁判所書記課の長で，重罪院の関係記録を保管するとともに，庶務を指揮し責任を負う。また，必要があれば陪審員の雇主に対して，「法律により開廷期の間は雇用者を自由にしなければならない。また陪審員が開廷期間の補償金を得るために必要な書類をそろえなければならない」ことを忠告するのも主任書記の役割である。

証拠品
　（Pièce à conviction）
刑事事件において，立証の材料を提供するために，司法権の下に封印されて保管されている物。

証　人（Témoin）
いっさいの真実を述べかつ真実以外の何事も述べない旨の宣誓をして，個人的な知識を法廷で述べる者。うその証言は，偽証罪として処罰の対象となる。

口頭弁論主義
　（Oralité des débats）
訴訟当事者間での意思・主張の交換・伝達は，口頭で行われるべきであるという重罪院の原則。一件記録に書かれた証拠は，例外を除いて法廷では意味を持たない。

た

対審の原則
　（Contradiction des débats）
弁論は被告人に不利な証拠（検察側主張）と有利な証拠（弁護側主張）を示し合わなければならないという重罪院の原則。

陳述；口頭弁論（Plaidoirie）
法廷で両当事者が主張や論証を述べること。

特別重罪院
　（Cour d'assises extraordinaire）
軍人による重罪，テロ犯罪，麻薬取引に関する重罪を裁判する管轄権限を有する裁判所。職業裁判官のみで構成される。

は

陪席判事（Assesseur）
重罪院の裁判長の隣にいるプロの司法官。陪席判事は下されるべき決定について，裁判長と陪審員とともに公判および評議に参加する。

判　決（Arrêt）
控訴院，重罪院，破毀院などの上級裁判所で下される裁判の決定。

被告人（Accusé）
重罪の嫌疑を受けており，重罪院で裁判を受けるためにその被疑事実について重罪院に送致される者。

評議（Délibération）
陪審員を含む判事の討議。非公開で行われ，最終的には多数決によって決定が下される。

評　決（Verdict）
重罪院公判の弁論終結後に，方式に従ったやり方で行われる宣告で，裁判長の提示する被告人の有責性及び刑罰についての設問に対して，裁判官と陪審員が評議によって答えるもの。

弁護士集団（Barreau）
ある町の弁護士の集団。職業団体を構成し，その会長はBatonnierという。

傍聴禁止（Huis clos）
傍聴人を排除した刑事法廷。強姦事件などの場合に，関係者の私生活を保護するために重罪院裁判長によって命じられる。

公判；法廷（Audience）
裁判所が両当事者の申立てをよく調べ，事件を審理し，弁論を聴く場。法廷は通常の場合，公開である。

ま

無罪の推定
　（Présomption d'innocence）
訴追されるすべての人は裁判所で有罪の判決を受けるまでは，無実とみなされるべきであるという原則。この推定は，疑わしい場合は被告人に有利に考慮される，という効果を有する。

［重罪院による］無罪判決
　（Acquittement）
重罪院が被告人に言い渡す無罪の決定。無罪の決定は，被告人の潔白が承認された場合か，重大な疑義がある場合に下される。

免　訴（Non-lieu）
予審機関による不起訴の決定。

や

予　審（Instruction）
重罪または軽罪について公判前手続を構成する刑事訴訟の一段階。予審判事と警察機関が，必要な証拠を集め事件を分類して，不起訴とするか裁判所に送致するかを決める。

予審開始決定（Mise en examen）
犯罪を構成しうる事実に関与したことを推定させる徴憑のある者について調査するための予審判事の決定。重罪院に送致された段階で，「被疑者」は「被告人」となる。

予審判事（Juge d'instruction）
司法警察の活動を指揮し，重罪・軽罪の刑事事件の証拠調べ，及び被疑者の尋問に当たる。その結果，犯罪の容疑が認められなければ免訴を命じ，容疑を認めたときには，一件記録とともに被疑者を裁判所に送致する。

ら

論告求刑（Réquisitoire）
検察官（検事）が法廷で論拠を述べながら，事件の解釈をし，求刑すること。弁護側が行う最終弁論と同等のものである。

書物で読む重罪院

＊原著では専門書以外には解説が付されているが，省略する。

Chantraine, *Par-delà les murs*, Le Monde/PUF, 2004

Barillon et Bensussan, *Le désir criminel*, Odile Jacob, 2004

Bilger, *Un avocat général s'est échappé*, Seuil, 2003

Renneville, *Crime et folie*, Fayard, 2003

Miquel, *L'affaire Dreyfus*, Que sais-je ?, 2003
・旧版の翻訳としてミケル『ドレーフュス事件』（渡辺一民訳，白水社，1990）

Seznec, *Seznec le bagne*, Pocket, 2003

Hugo, *Le Dernier jour d'un condamné*, Librio, 2003
・翻訳として，ユーゴー『死刑囚最後の日』（豊島与志雄訳，岩波文庫，1982）

Badinter, *L'abolition*, Lgf, 2002
・関連書として，伊藤公雄＝木下誠編『こうすればできる死刑廃止：フランスの教訓』（インパクト出版会，1992）

Garapon, Gros et Pech, *Et ce sera justice*, Odile Jacob, 2001

Londres, *L'homme qui s'évada*, Le serpent à Plumes, 1999

Zola, *Le procès Zola devant la cour d'assises de la Seine*, Stock, 1998
・関連書として，ゾラ「陪審団への宣言」（小倉孝誠＝菅野賢治編訳）『ゾラ・コレクション10』（藤原書店，2002），稲葉三千男『ドレフュス事件とエミール・ゾラ：1897年』，同『ドレフュス事件とエミール・ゾラ：告発』（論風社，1996/1999）

Damiani, *Les victimes*, Bayard Editions, 1997

Herrenschmidt et Garapon, *Carnets du Palais*, Albin Michel, 1995

Bredin et Lévy, *Convaincre, dialogue sur l'éloquence*, Odile Jacob, 1997

Perrault, *Le pull-over rouge*, Fayard, 1994
・翻訳として，ペロー『赤いセーターは知っていた：フランス近年最大の冤罪事件（上下）』（白取祐司訳，日本評論社 1995）

Jacquard, *Un monde sans prison ?*, Seuil, Points virgule, 1993

Gide, *Souvenirs de la cour d'assises*, Gallimard, 1975
・翻訳として，ジイド「重罪裁判所の思ひ出」（川口篤訳）『アンドレ・ジイド全集第6巻』（新潮社，1951）所収

Giono, *Notes sur l'affaire Dominici*, Gallimard, 1955

Code pénal et Code de procédure pénale, Dalloz, 2004
・翻訳として，法務大臣官房司法法制調査部編『フランス新刑法典』（法曹会，1995），同編『フランス刑事訴訟法典』（法曹会，1999）

Larquier, *Procédure pénale*, Dalloz, 2003

Angevin, *La pratique de la cour d'assises*, Juris Classeur Litec, 2002

La cour d'assises, bilan d'un héritage démocratique, Documentation française, 2001

Arpin Gonnet, *La cour d'assises*, L'Hermès, 1996

映画で見る重罪院

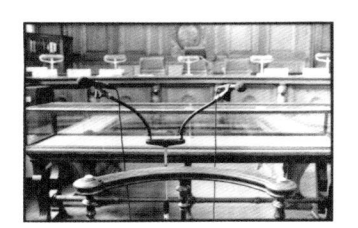

＊原著では多数の映画が紹介されているが，日本で公開されたものに限って，邦題・原題とDVDのあるものはその旨を掲げる。なお，解説は省略した。

（フランス映画）

『愛の終わりに』Verdict（1974）アンドレ・カイヤット作品

『真実』La Vérité（1960）アンリ＝ジョルジュ・クルーゾー作品

『裁きは終わりぬ』Justice est faite（1950）アンドレ・カイヤット作品 DVD

少し前から，司法省は教育的な観点から，法廷の撮影につき柔軟な態度をとるようになってきている。最初のドキュメンタリーの一つとして，ジョエル・ロンコル＝ミシェル・ロンコルによる『重罪院での控訴』Appel aux assises（2003）があるが，これはグルノーブル控訴院において，重罪院での控訴事件の弁論を撮影したものである。

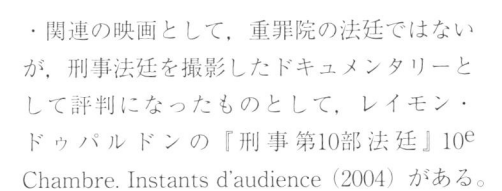

・関連の映画として，重罪院の法廷ではないが，刑事法廷を撮影したドキュメンタリーとして評判になったものとして，レイモン・ドゥパルドンの『刑事第10部法廷』10^e Chambre. Instants d'audience（2004）がある。

（外国映画）

『ダンサー・イン・ザ・ダーク』Dancer in the dark（2000）ラース・フォン・トリアー作品 DVD

『デッドマン・ウォーキング』（1995）ティム・ロビンズ作品 DVD

『デカローグ・第5話・ある殺人に関する物語』Dekalog 5（1987）クシシュトフ・キェシロフスキ作品

『審判』The Trial（1963）オーソン・ウェルズ作品 DVD

『或る殺人』Anatomy of murder（1959）オットー・プレミンジャー作品 DVD

『十二人の怒れる男』12 Angry Men（1957）シドニー・ルメット作品 DVD

『口紅殺人事件』While the City Sleeps（1956）フリッツ・ラング作品

『パラダイン夫人の恋』The Paradine Case（1947）アルフレッド・ヒッチコック作品 DVD

〈イラスト〉
　カティー・ボヴァレ（Cathy Beauvallet）
　　2000年から重罪院のスケッチに携わる．新聞に掲載された最初のクロッキーは，ブロワの裁判所で描かれたものである．この本の中で証人を描いたものがそれである．
　　装飾美術学校を卒業後，ブロワにグラフィックの学校を創設し，現在も主宰している．また同時に，演劇やモダンダンスにおける動きをテーマとした研究もしている．役者や舞踏家との出会いから，多くの作品が生まれ，『サーカス・スケッチ帳』としてガリマール社から出版されている．
　　彼女が出版した2冊目のスケッチ帳は，イビス・ルージュ出版から出ている．ギアナのモン族の共同体に取材した『労苦の豊かさ』である．

〈インタビュー〉
　オリヴィエ・シロンディニ（Olivier Cirendini）
　　フリーのジャーナリストであり写真家．現場での経験から，フランス内外の様々な分野に関心をもつようになる．本書のために，元陪審員，重罪院裁判長，弁護士，検事の18人にインタビューをした．裁判に興味をもったのは初めてのことで，ただ知りたいという欲求から，このテーマに取り組んだ．

〈訳者紹介〉
　大村浩子（おおむら・ひろこ）
　1960年生まれ
　1984年津田塾大学国際関係学科卒業
　1988年パリ第4大学文明講座・外国人フランス語中級コース修了
　翻訳『若草の市民たち』（全4巻）（大村敦志と共訳）（信山社，2003-04）

　大村敦志（おおむら・あつし）
　1958年生まれ
　1982年東京大学法学部卒業
　1987～89年，フランス政府給費留学生としてパリ第2大学で研究
　1999～2000年，文部省在外研究員としてパリ第2大学で研究
　現在，東京大学法学部教授（民法）
　著書『父と娘の法入門』（岩波書店，2005）
　　　『生活のための制度を創る──シビル・ロー・エンジニアリングにむけて』（有斐閣，2005）
　　　『生活民法入門』（東京大学出版会，2003）
　　　『フランスの社交と法』（有斐閣，2002）
　　　『民法総論』（岩波書店，2001）
　　　『法典・教育・民法学：民法総論研究』（有斐閣，1999）
　　　『法源・解釈・民法学：フランス民法総論研究』（有斐閣，1995）など

ある日，あなたが陪審員になったら…
──フランス重罪院のしくみ──

2005年（平成17年）11月17日　第1版第1刷発行
3332-01011：P100，¥3200E，b0220

イラスト　　カティー・ボヴァレ
インタビュー　オリヴィエ・シロンディニ
訳　　　　大村浩子＝大村敦志
発行者　　今　井　　　貴
発行所　　信山社出版株式会社
〒113-0033　東京都文京区本郷6-2-9-102
電　話　03（3818）1019
ＦＡＸ　03（3818）0344
Printed in Japan

Japanese translation ⓒ大村浩子＝大村敦志，2005
印刷・製本／松澤印刷・渋谷文泉閣
ISBN 4-7972-3332-X　C6337
3332-012-0200-020　NDC 726.601
〔禁コピー，2005，信山社〕

社会生活とは何かを発見する社会教育・市民教育のための絵本

若草の市民たち 全4巻

訳　大村浩子＝大村敦志

アデルとサイードの文通を通して、社会生活・
市民生活の様々な側面を発見していく。
個人の尊重・政治的諸制度・外国との関係・家族の
あり方など、子供たちの社会に対する関心を育む。
子どもたちは学校の外にある社会・市民について、
どれだけ関心・知識を持っているだろうか？

1巻　仲間たちとともに
　　文　セリーヌ・ブラコニエ
　　（セルジー＝ポントワーズ大学講師、政治学博士）

2巻　仕組みをつくる
　　文　セリーヌ・ブラコニエ
　　（セルジー＝ポントワーズ大学講師、政治学博士）

3巻　私たちのヨーロッパ
　　文　エドアール・プラムラン（ガリマール社）

4巻　さまざまな家族
　　文　マリアンヌ・シュルツ（法学博士）

各巻　1,400円（税別）

訳　大村浩子
（翻訳家・パリ第4大学文明
講座仏語中級コース修了）

大村敦志
（東京大学法学部教授）

絵　シルヴィア・バタイユ
（写真家・イラストレーター）

信山社
〒113-0033　東京都文京区本郷6-2-9-102
E-mail : order@shinzansha.co.jp
TEL : 03-3818-1019　FAX : 03-3818-0344